LAST NIGHT
ON EARTH

지구에서의 마지막 밤

크리스천 소설가
손성훈 지음

쿰란출판사

이 책의 발행을 위해 골드코스트 영광교회와 염동철 담임목사님, 손남순 권사님, 김지아 집사님, 그리고 시드니 서울교회 김태현 원로 목사님이 후원해 주셨습니다.

지구에서의
마지막 밤

추천의 글

    책을 읽을 때마다 잔잔한 감동이 짙게 묻어나고 행복했습니다. 한때 죽음의 골짜기를 건너오셨지만 그 또한 감사하다고 고백하시는 장로님의 마음에 감동받게 됩니다.

    오래전부터 이 글들이 책으로 만들어져 많은 사람이 읽으면 좋겠다는 소원을 가지고 기도하고 있었는데, 그 바람이 이루어져 정말 기쁘고 감사합니다.

    이 책을 통해 하나님의 일하심이 더욱 증거되어 한 영혼이라도 주께 돌아오는 역사가 있기를 두 손 모아 간절히 기도합니다.

염동철 담임목사
호주 골드코스트 영광교회

추천의 글

장로님께서 간간이 보내 주시는 글을 대할 때마다 조용히 마음을 가다듬고 천천히 하나하나 눈을 부릅뜨고 읽었습니다. 장로님 자신에 대한 성찰이 너무나 진솔해서 그 진솔함이 저의 마음을 두드렸기 때문입니다.

또한 장로님의 글은 한 편의 대서사시이자 천국 방언으로 가득한 설교라고 생각합니다. 구원의 감격과 성령의 깊은 만지심, 그리고 복음의 진수를 경험하고 깨닫지 못한 사람은 도저히 흉내 낼 수 없는 감동이 있기 때문입니다.

그런 의미에서 장로님의 글은 이 시대를 깨우며 세상에 울려 퍼지는 힘찬 광야의 복음의 함성이라고 감히 말씀드립니다.

김태현 원로목사
호주 시드니 서울교회

추천의 글

    모든 작가는 한 번쯤 신과의 대화를 시도한다. 그러나 대부분 잡히지 않고 그려지지 않는 신을 찾아서 헤매다 결국 절망하고 다시 자기 자신에게로 돌아온다. 니체도 그랬고 릴케도 그랬다.
    이 여정이 꼭 헛된 것만은 아니다. 작가의 운명이 인간의 운명을 파헤치는 것이라면 작가 손성훈의 새로운 발견에 귀 기울여 보기 바란다. 그의 간절한 목소리는 과연 어디서 왜 오는 것인지 우리 모두 깊이 생각해 볼 좋은 기회다.

박철
시인

지구에서의 마지막 밤

머리말

모태신앙으로 교회에 오래 다녔으나 '거듭 태어남'과는 거리가 멀게 신앙생활을 했었습니다. 그러다 뇌졸중으로 쓰러졌고 병원으로 옮겨져 사흘간 의식 불명 상태로 있었습니다.

담당 의사는 아내에게 가족들을 불러 마지막 인사를 하라고 했습니다. 아내는 교회 식구들에게 기도를 부탁했고 그 기도가 상달되었는지 사흘 만에 의식을 찾게 되었습니다.

당시 담당 의사는 만약 사흘 안에 못 깨어나면 죽거나 식물인간이 될 것이라고 했었습니다. 뇌졸중의 후유증은 정말 괴로운 것입니다. 지금 3년이 다 됐지만 아직 온전한 상태가 아닙니다. 그러나 고통과 불편함을 겪으면서 오히려 신앙이 성숙되는 것을 느꼈고 이젠 거듭 태어나고 있는 중이라고 자신 있게 말할 수 있습니다.

아무튼 저는 이 뇌졸중이야말로 제 일생 중 받은 최대의 선물, 축복이라고 여기게 되었습니다. 그래서 매일, 매 순간 하나님께 감사드리며 덤으로 얻은 생명을 주님의 영광을 위해 바치고자 합니다.

  이 책자의 글들은 뇌졸중 뒤 얻게 된 약간의 깨달음으로 써 내려갔습니다. 진작 이런 작은 믿음이나마 가졌었다면 지나온 삶이 더 풍요롭고 행복했을 것이라 여겨집니다.

  이 책을 읽는 독자 중 단 한 분이라도 참 신앙을 갖게 되기를 소망합니다. 그러면 이것이 일생 중 가장 귀한 하나님의 선물이라 확신하실 겁니다.

2024년 8월 호주에서
손성훈
(현 골드코스트 영광교회 장로)

* 이 책에 실린 글 중 성경에 없는 내용은 순전히 작가의 상상, 픽션으로 쓴 글입니다.

목차

추천의 글　염동철 담임목사(호주 골드코스트 영광교회) • 4
　　　　　김태현 원로목사(호주 시드니 서울교회) • 5
　　　　　박철(시인) • 6
머리말 • 8

Welcome to heaven!	• 13
겉은 멀쩡해도 속이 곪은 사람	• 21
끝날 때까지 끝난 게 아니다	• 29
나 대신 누군가 죽는다	• 36
눈물 위에 눈물	• 40
된장국에 잡채를 말아 먹다(천사의 얼굴)	• 43
맨손으로 먹기	• 51
몰아서 먹기	• 56
밤새 쳐놓은 거미줄	• 60
복종	• 65
성공한 인생	• 73
어? 이게 아니네!	• 82

지구에서의
마지막 밤

예수님의 얼굴	• 88
이보다 더 나쁠 순 없다	• 93
이상과 현실	• 99
저녁밥도 못 먹고 죽은 개미들	• 104
지구에서의 마지막 밤	• 109
천국, 착각은 자유	• 116
천국과 지옥, 어디로 가야 하나	• 122
평범한 일상이 행복	• 127
하나님의 양아들	• 133
합력하여 악을 이루다	• 139
헌금통을 사수하라	• 144
'해가나네'와 '비가오네' 형제	• 150

Welcome to heaven!

아래의 글 중 성경에 없는 내용은 순전히 상상에 의한 소설 정도로 이해해 주시기 바랍니다. 또 천국이나 지옥에 갔다 왔다는 사람들의 간증도 일부 참고하였습니다.

예수님이 오시면 그때야 천국 문이 열릴 것이다. 그 전에 내가 죽는다면 예수님이 강도에게 말씀하신 낙원에 가길 원한다.

낙원이나 천국에 가면 하고 싶은 일이 있다. 바로 안내원이 되는 것이다. 그래서 그곳에 들어와 감격해하는 성도들에게 첫마디를 이렇게 건네고 싶다.

"천국(또는 낙원)에 오신 것을 환영합니다."

"여기 천국 맞아요?"

"예 확실히 맞습니다. 저는 천국의 가이드입니다. 그간 저 아래 땅에서 참 고생 많으셨습니다. 그런데도 믿음을 잃지 않고 참 올바르게 사셨군요. 축하드립니다."

"저는 금수저로 태어나 평생 고생 한번 안 하고 부자로 잘 살다 왔는데요."

"그러니까 축하드린다고 하는 겁니다. 대다수의 부자들은 그렇지를 못하는데 좋은 믿음으로 가난하거나 불쌍한 사람들을 많이 도우며 교회도 열심히 섬기셨지 않습니까?"

"그렇긴 하지만, 아무튼 참 감사하네요. 저 같은 사람을 이렇게 좋은 곳에 보내주시다니."

"맞아요. 하나님의 크신 은혜죠. 말하자면 성도님은 바늘 귀를 통과하신 겁니다."

"이제 어디로 가면 되지요?"

"절 따라오시면 됩니다. 앞으로 살게 되실 집으로 갑니다."

"제 집이 있어요?"

"저 차도 성도님 겁니다. 운전하시겠어요?"

"초행길이니 가이드님이 운전해주세요."

"멋진 드라이브가 될 겁니다. 금으로 된 도로 양 옆으로 먹음직스런 과일나무들이 늘어서 있고 천사들이 현관 문 앞에서 샴페인을 들고 기다리겠죠. 저 과일들은 산책하시다 언제든지 따먹어도 됩니다. 아주 맛있어요. 지상에서 드시던 어떤 과일보다도 훨씬 더 맛날 겁니다."

"와, 천국은 시작부터가 멋지네요. 그런데 지옥은 어떤가요?"

"처음부터 고생의 연속이라고 보시면 됩니다. 그렇게 천국 지옥 말만 하면 무시하거나 외면하던 사람들은 후회 막급이겠죠. 그러나 천국으로 올 기회는 없어요. 살아있을 때 잘했어야죠."

천국에 막 입주한 성도는 큰 한숨을 내쉬며 말했다.

"이런 곳을 모르고 지옥 가는 가족이나 친척들을 보는 기독교인들의 애통함이 느껴지네요. 열심히 전도하고 기도도 했을 텐데. 그런 건 선택받질 못해서겠죠?"

나는 고개를 한번 끄덕이곤 곧 내저었다.

"선택받았더라도 잔치에 참여하지 않으면 소용없답니다."

성도를 집에 데려다 주고 편히 쉬게 했다. 물론 매력적인 천사들이 방긋 웃으며 따라주는 과실주를 함께 맛있게 마셨다.

"와, 전망도 좋은 고급 집이네요. 여태 살았던 집보다 훨씬 좋고도 아름답습니다. 그러고보니 이게 꿈인지 생시인지 꼬집어보게 되네요. 몸과 마음도 참 편안합니다. 저 푸른 잔디밭에 화려한 꽃밭, 정원 테두리에 심겨진 각종 과일 나무들. 열매가 탐스럽게 열려 있네요. 아무리 고급이라도 아파트 생활은 감옥 같았어요. 그래서 제가 저런 집에서 살면 좋겠다, 자주 상상으로 그리던 집인데 하나님께서 그걸 다 아신 것 같아요. 하나님, 정말 감사합니다."

나는 나오면서 한 마디 했다.

"이따 저녁에 예배가 있고 이어서 천국 입주 환영파티가 있습니다. 옷은 옷장에 가득하니 맘에 드시는 걸로 갈아 입으세요."

Welcome to heaven!

"근데요, 여기가 천국이 맞긴 맞나 봐요. 노환으로 힘도 없고 몸이 여기저기 쑤시고 아팠었는데 지금은 활기가 넘치고 아픈 데도 없네요."

"안에 들어가서 거울을 한번 보세요. 옛날의 모습이 아닐 겁니다. 늘 삼 사십 대면 좋겠다고 생각하셨죠? 바로 원하시던 그 모습입니다."

성도는 고개를 갸웃하며 손으로 자기 얼굴을 더듬어보았다. 그리고 곧 탄성을 질렀다.

"정말 그런 것 같아요. 주름살도 없고 피부가 탱탱해졌어요! 여기선 보톡스 맞을 일이 없을 것 같아요. 성형외과 의사가 있긴 하나요?"

"얼굴에서 빛까지 납니다. 믿음이 좋았을수록 모습이 더 밝고 아름답게 변화됩니다. 자, 그럼 이따 봬요."

나는 또 다음 번 천국 입주자를 맞이하러 간다.

이 사람은 북한에서 목숨걸고 믿음 생활을 하다가 걸려서 총살당한 성도이다.

"그간 얼마나 고생이 많으셨겠습니까. 정말 잘 오셨습니다."

내가 인사를 건네자 그는 눈을 휘둥그레 뜨며 말했다.

"남조선 분이시군요. 참 반갑습네다."

"이제부터는 고통과 두려움이 없고 눈물 흘리실 일도 없습니다."

"아, 정말 그러면 얼마나 좋겠어요. 북조선에선 매일매일이 지옥보다 더 고통스런 나날이었지요. 매번 끼니 걱정보다 더 힘들었던 건 마음껏 예배 못 드리는 것이었는데 이제 해결이 되었으니 참 감사하지 않을 수가 없습니다."

"불행하게 사신다고 생각했을 수도 있으시지만 그 가운데서도 꿋꿋이 신앙을 지키셨습니다. 목숨을 내주면서도 주님을 부인 안 하셨기에 오늘 천국에서도 오기 힘든 이 이층천에 오신 겁니다. 축하드리고 이곳에서 영원히 마음껏 찬양과 경배를 드리며 행복하게 사시기 바랍니다.

저 땅에서 아무리 편안하고 행복하게 떵떵거리고 살아봐야 아무 소용 없습니다. 그런데 대다수의 사람들이 이 하늘 나라와 관계없는 것들에 몰입해서 살아가지요. '돈돈'하다 돌아버리거나 '땅땅'하다 땅강아지처럼 땅 속에 들어가버리고 말죠. 그러나 성도님처럼 하나님을 우선시한다면 이렇게 영원히 남을 큰 보물을 얻는 것인데 그걸 모르는 사람들이 참 불쌍하기 그지없습니다."

숙소에 그를 데려다주고 나는 천국 입주자 몇 사람을 만나러 간다. 그 북한 사람은 과일 나무 가득한 그의 정원에서 배가 고픈지 과일들을 몇 개 따먹으며 맛있다!,를 연발했었다. 매우 행복한 표정을 지었다. 아마도 그는 이런 표정을 결코 북한 땅에서 지어본 적이 없었을 것이다. 그것을 보는 내 입가에선

Welcome to heaven!

은근한 미소가 배어나왔었다.

지금 만나는 성도들은 일층천이 어떤 곳인가 궁금해하는 입주자들이었다. 아는 사람들이 있으면 인사라도 나누겠다고 했다.

전엔 신청했던 사람들 중 허가 받은 사람들을 데리고 지옥 구경을 다녀온 적도 있었다.

그들은 탐방 뒤에 모두 하나님을 찬양하며 감사하는 기도를 올렸었다. 저런 고통스런 지옥에서 단 몇 분도 견디기 힘들 텐데 영원히 살아야 하니 떠올리기만 해도 끔찍한 일이라고 했다. 자살로 지옥에 온 어떤 사람은 지옥 생활이 너무 힘들어서 또 죽어볼까 했지만 불가능해서 또다시 절망했을지도 모르겠다.

탐방객들은 이렇게 말했다.

"이층천이 바다가 좌악 보이는 팬트하우스라면 일층천은 그냥 멋진 아파트 같은 거죠. 그나마 천국인 게 어디에요."

"그럭저럭 교회 다니며 하나님을 대충 믿은 사람들은 간신히 구원받아 저 안에서 '개털모자'를 쓴다는 얘기를 들었었는데 그런 사람들은 안 보이네?"

"말이 그렇다는 얘기지, 실제로 개털모자를 씌우겠어요?"

모두들 웃었었다. 그러면서 저 땅에서 믿음생활을 그나마 잘한 게 너무 다행이라고 했고 더 희생하고, 더 기도하고 기뻐하며 감사할 걸, 하기도 했다.

지옥 탐방을 할 때 고통받던 어떤 사람이 내게 아는 척을 했었다.

"손성훈씨, 나 모르시겠어요?"

절규하듯 말하는 그의 얼굴은 흉측하게 일그러져 있었다. 가만보니 기억이 나는 사람이었다. 오랫동안 전도에 힘썼지만 도저히 먹히지 않아 결국 하나님께 맡기고 내 선에선 포기한 불신자였다.

"어떻게 나 좀 여기서 빼낼 수 없겠어요?"

"진작 내 말을 잘 듣고 하나님을 믿으려고 노력좀 해보시지 그랬어요."

"그냥 이 고통만 좀 없애줘요."

"나는 아무 힘이 없어요. 한 번 이리 들어오면 나갈 방법도 없고요."

"이제 잘 믿을게. 내 이렇게 엎드려 빌게요."

"죄송합니다. 하나님께서 기회를 꽤 많이 드렸었는데 다 무시하시더니. 쯧쯧…"

교회 금요기도회에서 바울이 쓴 성경 말씀을 읽은 뒤 이런 말을 한 적이 있었다.

"바울 선생 만나고 싶지 않아요?"

기도회 참석자들이 그렇게 하고 싶다고 했다.

"그럼 내가 먼저 가서 주선해 볼 게요."

내 말에 모두들 웃었다. 언젠가 그런 일이 실제로 일어난다면 웃은 사람들은 이 순간을 떠올리리라.

바울은 천국의 삼층천에 계실 것 같다. 살아 생전에 미리 방문했었으니까.

그곳엔 삼위일체 하나님이 계시고 성경의 의인들, 대단한 순교자등 특별한 분들이 계시리라 본다.

천국에 가더라도 웬만해선 삼층천 방문이 쉽지 않을 것 같다. 하지만 가이드로서 '특별 신청'을 한다면 안될 것도 없다고 본다.

여러분, 바울뿐 아니라 노아, 아브라함, 이삭, 다윗, 베드로, 요한 등도 만나봅시다.

물론 예수님은 뵙게 되겠지요.

그러한 날들을 기다리며…

겉은 멀쩡해도 속이 곪은 사람

　뇌졸중 뒤 일년 반이 지났다. 하나님의 '봐주심'으로 죽을 것 같다가 살아나 그간 많이 회복이 되었다.
　오랜만에 만나는 사람들은 대부분 내가 다 나은 듯이 "멀쩡해 졌네, 할렐루야!" 한다. 하지만 아직 속은 곪아있어서 함께 기쁨을 나누기가 좀 무엇하다.
　아직 서 있으면 어지럼증으로 비틀거리고 움직이면 넘어질까 조심스럽다. 특히 맨바닥에 앉자면 엉덩방아를 찧어야 하고 일어서려면 '맨 땅에서 수영하기' 하듯 해야 한다. 옛날엔 '누워서 떡 먹기' 같았던 일들이 이젠 '땅 짚고 헤엄치기'완 거리가 멀게 된 것이다.
　피에 젖어있던 두뇌가 아직 제 기능을 못해서인지, 저혈압 증상인지 의사들도 원인을 잘 모르는 것 같다.
　아마 이런 걸 '기립성 저혈압'이라고 한다고 유튜브에서 본

것도 같고.

　오랫동안 치료했던 병원에서 퇴원할 때도 의사와 간호사들이 제일 염려한 것이 넘어지는 것이었다. 아닌게 아니라 여러번 넘어졌지만 다행히 크게 다친 적은 없었다.

　좀 큰 건이 있었다면 다음과 같다.

　한 번은 내 방에서 정신이 잠깐 실종되어 뒤로 넘어지는 바람에 장롱에 부딪혔고, 다음날 응급실에 갔지만 그나마 머리통엔 아무 이상이 없었다. 멀쩡했던 나무 장롱 문짝은 깨졌지만.

　얼마 전까지 있던 걸핏하면 토하는 증세는 거의 없어졌지만 맛과 냄새 분별은 아직 제 역할을 못하고 있다. 그래서 그 좋아하던 커피, 초콜릿, 와인을 거의 끊다시피 했다. 그것뿐인가, 각종 음료수, 고기, 과일, 채소 등도 제 맛을 몰라 마치 소 닭보듯 먹고 있다.

　와인 얘기인데, 거의 매일 마셨었다. 중독인가 싶을 정도였다. 와인 마시는 게 죄라고 여기진 않았지만 때론 덕이 안되는 것 같았고 건강상 절제해야 될 것 같은데, 도무지 절제가 안되었다.

　그래서 하나님께 기도를 드렸더니 단박에 절제를 시켜 주셨다.

　어느 날 밤 와인을 거하게 마시다 혈압이 올라갔고 새벽에 뇌출혈, 즉 뇌졸중으로 쓰러져 병원 응급실에 실려갔다.

　물론 나는 뇌졸중 걸린 게 내 일생 중 두 번째로 감사하는 것이다. 첫 번째는? 와이프 만난 것이다(집사람은 반드시 이 글을 읽을 것이다).

살아도 감사, 죽어도 감사보다는 이제사 거듭 태어나고 있다는 확신이 들기 때문이다(거의 죽었었으므로). 그간은 니들이 성화를 아느냐;에 대해 전혀 나와 관계 없는 불가능한 일로 여겨졌었기 때문이다.

그 뒤 몇 달간의 병원 생활에서는 물론 퇴원해서 여태까지 와인은 거의 마시지 않는다. 집사람은 와인값이 절약되었다고 좋아한다.

하여간 함부로 기도할 일이 아니다. 하나님께 부탁하기 전에 스스로 할 수 있는 길을 가능한 찾아야 한다;란 교훈을 얻은 셈이다. 여자를 보고 음욕을 품지 않게 해달라고 했다가 '고자'가 되면 어쩌겠는가.

병원에선 십 여 킬로그램의 몸무게가 나를 떠났지만 뭐가 그리운지 다시 돌아와 몸이 좀 불었다. 그래서 사람들은 옛모습과 얼추 비슷해진 나를 보고 다 나았다는 듯이 샴페인을 터뜨리며 내게 들이붓기까지 하는 듯 하다.

아무튼 고맙기 그지없다. 그러나 과부 사정 홀아비가 안다고, 심하게 아파 보지 않은 사람은 아픈 사람의 고통을 정확하게 체감하기 어렵다.

더 이해하자면, 의사들도 잘 모르는데 그들이 나의 속까지 어찌 알겠는가.

원인 불명인 한 쪽 팔의 저림 증세와 매일매일의 두통, 해결될 듯 말 듯한 불면과 변비 등은 오히려 하나님께 감사드리며 더 심해지지 않기를 바랄 뿐이다. 현대의 의술로도 안 되니 고쳐달라고 하면 꼭 "네 받은 은혜가 족하다!" 하고 호통치실 것 같다.

매일의 알콜 섭취와 빈 속에 커피를 안 마시니 그 평생의 고질병 같았던 위와 장의 문제도 해결되었다. 고마운 은혜 중의 하나이다.

한편, 평소에도 걷다가 건들건들 하거나 비틀거리니 꼭 술 취했을 때의 모습 같다. 신난다! 술 안 먹어도 술 먹은 것 같으니.

빙산처럼 보이는 것이 다가 아니다. 때로는 멀쩡한 나의 겉모습을 보고 이것저것 부탁하는 사람들이 있다. 아프기 전엔 아주 쉬웠을 일들도 이젠 먼저 비실거림과 싸우며 넘어지지 않기 위해 애써야 한다. 무엇보다도 머리 쓰는 일이 여간 괴로운 게 아니다. 죽기를 각오하고 하면 하기는 하겠지만 누군가 기쁨으로 그 일을 맡아서 거뜬히 하는 사람이 더 잘 할 수 있을 것 같다.

골프도 치긴 치지만 치기 전에 중심잡기가 힘들다. 중심을 신경써서 잡다보니 오히려 전처럼 흔들거리는 것이 없어 더 잘 맞는 것 같다.

골프 잘 치는 사람들의 훈수들이 이제서야 이해가 되며 잔

소리라고 여겼던 것들이 감사로 바뀐다. 철 들자 망령, 이라고 그렇게 열심히 노력해도 안 되던 골프가 몸을 제대로 가누지도 못하는데 되다니 신기하기만 하다.

나는 운동에 전혀 소질이 없어,하며 포기 상태였던 골프에 대한 깨달음이 약간씩 온다고나 할까. 그렇다고 싱글 플레이어는 '가까이 하기엔 너무 먼 당신'이지만.

몇 십 년 구력의, 보통의 골퍼들이라면 한 두 개씩의 트로피는 다 갖고 있는, 싱글패 이글패 홀인원패 등 어느 것도 나는 안 가지고 있다. 해 본 적이 없기 때문이다.

때론 자랑처럼 말하는 이 넋두리를 언젠가 그칠 수 있을까? 확실한 것은, 이젠 전혀 부럽지가 않다는 사실이다. 해봤자 돈을 받는 것도 아니고 오히려 왕창 돈이 나가는데 뭣하러 그런 걸 따냐, 하는 심정이다. 따지고 보면 명예도 아닌데…

여러 암에 걸렸지만 기적적으로 살아난 어떤 분이 은혜에 감사하다며 말씀하셨었다.

"골프를 이젠 치기가 싫어. 전엔 그렇게 좋아했었는데.."

그 분의 말에 '세상 즐거움 다 버리고…'란 찬송가 가사가 가슴에 새삼 박혀 온다.

에어 비앤비를 하기엔 외진 곳이어서 잊을만 할 때쯤 손님을 받곤 한다. 대부분의 게스트들은 지독하게도 예수를 안 믿는다. 믿는다고 혹가다 대답해도 교회에 크리스마스나 부활절에만 가끔 갈 뿐이다.

리뷰도 좋고 젊고 잘 생긴 남자에게 하나님이나 예수님을 혹 믿느냐고 물었다. 그가 고개를 끄덕이기에 반가워서 나도 모르게 얼굴에 큰 미소를 짓게 되었다. 그러자 그가 이어서 말했다.

"하나님도 에너지 같은 거죠. 이 에너지는 우리에게 활력을 주니 참 좋은 거죠. 에너지가 흐르는 우주에서 그 기를 받고 살아야 합니다."

이런 사람들은 대게 만물에 신이 깃든다고 생각하는 범신론자로서 요가를 좋아하고 빅뱅 이론이나 진화론에 솔깃하는 하나님을 믿기 힘든 부류들이다.

약방에서 플라스틱 이쑤시개를 샀더니 전에 쓰던 것과 달리 투박하기만 했다. 나는 이가 제멋대로 생겨먹어서 무얼 먹고나면 뭐가 자주 꼈다.

"왜 이런 것만 팔지? 공장에선 얄쌍한 게 더 잘 팔린다고 생각하질 않나?"

이렇게 투덜댔지만 쓰면서 보니 전에 늘 쓰던 얄팍한 것보다 훨씬 더 쓰기가 편했다. 나름대로 이렇게 만든 이유가 있는 것이구나, 란 이해가 들 정도였다.

그래서 떨어지기가 무섭게 그 약방에 다시 갔더니 그런 종류는 하나도 없고 얄쌍한 것 밖에 없었다. 내가 사는 걸 망서리자니 그 투박한 것을 찾아 헤맬 것 같다는 예감이 들어왔다.

정말 겉과 속이 다르다더니, 이런 사소한 것도 분별이 잘 안 되는데 어찌 우리가 차원이 틀린 하나님을 맘대로 재단하나 싶다. 우리 생각 속에 하나님을 가두어선 절대 안 된다란 자각이 든다.

전에 나의 영적인 상태가 겉은 멀쩡하지만 속은 곪은 상태였다. 교회 잘 다니고 헌금 그럭저럭 하고 봉사도 남의 눈에 티나지 않을 만큼 그럴듯 하게 했었다. 교과서적이긴 하지만 무언가 기쁨이 없었기에 다른 참 성도들은 그런 것들을 다 파악하고 있었던 듯하다.

지금의 나를 칭찬하며 비교하듯 아프기 전의 나에 대해 슬쩍슬쩍 안 좋게 말했던 것이다.

그래서 일용할 양식을 구할 때에 육의 양식만이 아니라 반드시 영의 양식도 구해 늘 성령님의 은혜에 촉촉히 젖어있어야 한다. 그래야 주둥이만 살아서 입만 나불거리는 교인이 아닌, 입만 뚝 떼어 천국 가는 게 아니라 몸과 영혼 모두가 가야만 된다.

이 세상에 완벽한 사람, 남편이나 아내가 없듯이 완벽한 목사님이나 교인도 없다. 다 도토리 키재기가 아니겠는가. 그저 좋은 점 쪽으로 보며 남의 눈에 있는 티보다는 내 눈의 들보나 빼도록 노력해야겠다.

그러나 삯꾼 목자나 성도가 아닌, 껍데기만 교인인 자들을 조심해야 한다. 가급적 그들에게서 멀어져야 영생을 얻는데 지장이 없다.

지금의 기독교는 원래의 속은 멀쩡한데 겉이 곯아보여 길 위의 소금처럼 쉽사리 세상 사람들 발에 밟히고 있다.

특히 한국에선 교회의 원래 가진 고귀한 모습이 장바닥의 꼴뚜기처럼 웃음거리로 전락된지 오래다. 다 삯꾼 목자와 무늬만의 기독교인들이 싸놓은 배설물 때문에 그렇다.

가끔씩 자기가 하나님이라는 미친 놈들이 나타난다. 더 웃기는 것은 그런 말도 안되는 가짜를 믿고 따르는 얼간이들이 항상 있다는 사실이다.

말인즉슨, 겉과 속이 다 곯아있는 족속들이다.

서두르지 말고 그저 최선을 다해서 내 속의 곯은 것들이 멀쩡해지도록 노력해야겠다.

노력해서도 안 되면 기도해야겠지만… 아니 기도하며 노력하는 것이 정답일 것이다.

어쨋든 오늘의 결론은…

"아니 저 새까만 사람이 어떻게 천국에 왔지?"

겉만 보는 이런 선입견에서 벗어나자. 물론 예수님도 흙수저로 오셔서 고난을 더 받으셨지만.

끝날 때까지 끝난 게 아니다

　야구 경기중 9회말 만루에서 홈런을 터뜨릴 때가 있다. 그래서 지고 있던 경기를 역전시킬 때 흥분한 야구 해설가가 할 법한 말이 바로 '끝날 때까지 끝난 게 아니다.'이다.
　그 외에 무수한 예측 불허의 시합이나 인생 역전들이 있다. 골프에서도 '장갑은 벗어봐야 안다.'란 말처럼 말이다.
　나중 된 자로서 먼저 되고 먼저 된 자로서 나중 되리라, 한 예수님의 포도원 품꾼의 비유도 이와 같다. 저녁이 다 되도록 써주는 사람이 없어 애태우고 있던 일꾼이 선한 주인의 부름으로 잠깐 일하고 하루 품삯을 받았던 것이다.
　일하지 못했다면 다음 날 굶었을지도 모를 그와 가족들이었다.
　가만 보면 하나님을 늦은 나이에 믿었지만 신앙 생활을 잘하여 교회의 큰 일꾼이 되는 성도들도 꽤 있다. 이들에게 만약 하나님의 은총이 없었다면 어찌 되었을까.

언젠가 추운 바깥에서 떨며 이를 갊이 있기 싶상이다. 어쩌면 영원히.

잘 아는 어느 시인은 참 괜찮은 사람인데 완전 무신론자였다. 수시로 전도하려고 애썼지만 잘 되지를 않았다. 시드니에서 골드코스트로 이사를 하며 그와 연락이 끊겼었는데 어느 날 그에 대한 소식을 듣게 되었다.

그가 가파른 계단에서 내려오다 발을 헛딛었고 아래로 굴러 휠체어에 의지해야만 하는 장애자가 되었다는 것이다.

그의 일, 좋아하던 골프뿐 아니라 남은 말년의 삶이 완전 풍비박산 된 것이다. 어디 이런 불행이 있겠는가.

그러던 어느날, 내가 뿌린 전도의 씨앗들이 왜 이렇게 열매가 맺히지 않고 있을까,하며 하늘을 우러러 보고 있는데 그 시인의 전화를 받게 되었다.

다친 뒤로 하나님을 믿게 되어 교회를 다니게 되었고 세례까지 받았다는 것이다. 세례 받으며 내게 아주 큰 고마움을 느꼈다며 몇 번을 고맙다고 했다.

나는 할렐루야!,를 외치지 않을 수 없었다. 그로서는 다친게 오히려 너무 잘 된 것이었다. 멀쩡한 사지로 지옥 가는 것보다 다 잃고서라도 천국 가는 게 비교할 수 없이 좋은 것이다.

반면 하나님을 잘 믿다가 돌아서는 사람들을 보면 정말 안타깝기 그지없다. 자기 복을 자기가 차 버린 것이다. 그런 사람들은 죽은 뒤에 더 큰 안 좋은 심판을 받을 지도 모른다.

죽어봐야 안다 하겠지만 내 눈엔 그게 훤히 보이는 것 같다.

뇌졸중 뒤 건강하게 보이는 사람들이 모두 다 부럽게 보였으나 이젠 예수 잘 믿고 건강한 사람들만이 부러울 뿐이다. 아무리 건강하면 뭐하나, 누구나 죽게 되어 있는데. 영원히 남을 믿음이 필요한 것이다.

하나님은 우리 인생이 강건하면 팔 십이라는 나이를 알맞게 주신것 같다. 요즘은 구 십도 흔하지만.

행복하게 사는 사람들은 이 기간이 짧겠지만 억지로 사는 사람들은 길고도 지루하다. 때론 고통스럽다. 자살자들이 많은 이유이기도 할 것이다.

물론 잘 살더라도 무료함이나 허무감에 마약, 알콜 중독 등에 빠지거나 스스로 죽기도 하지만 말이다.

아무튼 우리에게 주어진 시간으로 따지자면 영원으로 들어가는 죽음의 길목까지 가며 천국행을 준비하기에 넉넉하다면 넉넉하다고 할 수 있다.

이 시험장 자체에서 목을 맬 것이 아니라 시험을 잘 치러 영원히 행복한 삶을 맞이해야 진정 성공한 삶이 되는 것이다.

하나님을 안 믿으면 허무해지기 쉬운 인생, 더우기 막판에 갈수록 두려워지지 않는가?

억지로 죽으면 끝이라고 자위하지만, 의식적이건 무의식적이건 무언가 찜찜함이 계속되는 것이다.

하나님이 믿어지지 않는데 어떻게 믿느냐고?, 물으신다면 이렇게 대답할 수 있다.

사탄은 당신의 구원을 어떻게해서든 막으려 한다. 당신의 정신까지도 지배하여 구원과 하나님에 대한 부정적인 사고를 갖게 한다.

믿기 위해선 메마른 펌프의 한 바가지 마중물 같은 준비가 필요하다. 그것은 다음과 같은 진실된 기도이다.

"하나님, 정말 믿고 사랑하고 싶은데 되지를 않습니다. 꼭 믿게 해주시기를 간청합니다. 예수님의 이름으로 기도드립니다. 아멘."

인간 예수님은 한 사람이라도 더 지옥에 안 보내시려고 몸소 온갖 고통을 겪으며 희생 제물로 십자가에 매달리셨다.

그러나 그게 끝이 아니었다. 원래 하나님이시기에 사흘만에 부활하시어 하늘로 올라가셨다.

예전 고등학교 시절 어떤 불미스런 일로 담임 선생님이 몽둥이를 들게 되었다.

"누가 그랬어? 누구든 나오면 용서할 거야. 안 그러면 전부 빠따 맞을 줄 알아."

아무도 나서질 않아 결국 모두 몇 대씩의 몽둥이 찜질을 당했었다. 부어오른 엉덩이가 무척 아팠고 고통이 오래 갔다.

내게 있어서 여태 후회되는 게, 그때 내가 왜 앞으로 안 나

갔는가이다. 원인을 제공한 당사자는 아니었지만 그렇게 했다면 아무도 매를 맞지 않았을 것이다.

예수님은 이렇게 대신 매를 맞으므로 우리의 구원의 기회를 넓혀주셨다. 노아의 홍수와 소돔과 고모라 같은 재앙 등으로 진작에 멸절될지도 모를 인류가 일단 재림하실 때까지 시간을 번 것이고 구원도 단순화 되었다. 쉽다면 쉽게 되었는데, 일단 믿고 회개하여 죄사함을 받으면 예수님을 통하여 구원에 이르는 것이다.

1992년 다미선교회 휴거 사건으로 온 세상이 시끄러웠던 적이 있었다. 건실한 기독교인들은 그것을 믿지 않았으나 혹시 하나님의 비밀이 누설되지 않았나, 해서 백만분의 일쯤의 우려로 지켜본 적이 있었다. 역시 꽝으로 끝났지만 다미선교회원들은 철두철미 그것을 믿고 올인했다가 거의 패가망신 수준에 이르게 되었다.

그들은 그날 밤 당연히 천국의 예수님 옆에 가 있으리라고 생각했지만 당연히 그러질 않았다. 그야말로 끝날 때까지 끝난 게 아니었다.

우리는 언젠가 천국으로 가야만 할 것이고, 무사히 천국 문 안에 들어서야만이 일단 이 땅에서의 목표가 달성되었다고 할 수 있다.

어쩌면 천국에선 매일매일 하나님을 찬양하는 예배가 드려

질지도 모른다. 그런데 그 예배가 은혜도 안 되고 지루하게 여겨진다면 애당초 그런 사람을 천국에 들여놓으실 것인가?

영원히 계속될 것인데, 하는 사람은 괴롭고 받는 하나님은 민망하실 것이다. 그러니 이땅에서 매주 몇 번 있는 예배에 성의없이 참석하거나 은혜가 없다면 천국의 자격증을 얻기가 쉽지 않을 수도 있다.

매일매일 밥먹듯이 영의 양식을 맛있게 먹어야 되고 양치질하듯이 습관적으로 주님께 기도하며 소통하는 시간을 가져야 한다.

하나님은 얼마나 공평하신가. 공평하지 못한 세상에 와서 예수님은 공평하지 못한 죽임을 당하셨지만 언젠가 다시 오셔서 공평한 게 무엇인지 보이실 것이다.

나의 인생이 공평하지 못한 듯 보냈더라도, 마지막 판에 가서 하나님이 그것을 공평하게 해놓으실 것은 자명한 사실이다.

남들이 다 실패한 인생이었다고 생각해도 천국의 이층이나 삼층천에 오르는 큰 상급을 받았다면 그는 큰 성공을 거둔 값진 인생이다. 반대로 이 땅에서 존경받고 왕 이상의 부유한 삶을 살았더라도 지옥에 간다면 거지로 살다 천국에 가는 그리스도인보다 나을 게 하나도 없다.

즉, 우리의 끝날에 영원한 갈 길이 정해지는 것이다. 거듭 말하지만, 끝날 때까지 끝난 게 아니다!

일기예보가 대체로 맞지만 아주 맞는 건 아니다. 갑자기 비람이 불어 날씨가 변화될 수 있다. 당일날 가봐야 비가 오는지 바람이 센지 확실히 알 수 있다.

천국에 갔더니 당연히 있을 것이라 생각했던 목사님이나 장로님 권사님들이 안 보여 당황했다는 좀 슬픈 얘기도 있지 않는가.

주로 한국에서 오는 손님들을 위하여 전에 몇 번 카지노에 간 적이 있다. 한번은 고배율 뺑뺑이에 돈을 걸었는데 딱 그 번호에 바늘이 걸리는 것이었다. 나는 뒤에 서있는 손님을 돌아보며 한껏 미소를 날린 뒤 다시 돌아섰는데 그만 바늘이 철컥, 다음 칸으로 넘어가는게 아닌가. 그 바람에 내 심장이 덜컥거렸다. 묵직하고 거대한 뺑뺑이가 끝에 갈수록 아주 천천히 움직이고 있었던 것이다.

다시 말하면 '끝날 때까지 끝난 게 아니다.' 끝까지 우리의 믿음을 지키는 것이 중요하다.

나 대신 누군가 죽는다

　G집사는 전에 잘 다니던 교회를 그만두었었다. 이유는 다음과 같다.
　목사님이 설교에서 군대 얘기를 했는데, 축구한 얘기는 아니었다.
　참호를 파다가 다른 병사와 교대를 했고 곧 그 병사는 깊게 판 참호가 무너져 죽게 되었다.
　그것은 간발의 차이로 죽지 않게 하신 하나님의 크신 은혜였다고 침을 튕기며 감사하다고 했다.
　그러나 G집사는 기분이 나빠왔다. 다른 병사가 대신 죽지 않았는가.
　다른 사람을 살렸다면 별 문제가 없겠지만 이건 아닌 것 같았다. 그래서 그는 그런 목사님의 교회를 더이상 나가고 싶지 않았던 것이다.

어떤 사람이 갑자기 몸이 아파 당일날 비행기 탑승을 취소했다. 그러자 대기하던 승객이 그 비행기를 타게 되었고, 마침 그 비행기는 추락하여 전원이 사망하게 되는 사고를 당한다.

또 이런 경우도 있다.

버스 정류장에 도착했더니 타려는 버스가 막 출발해서 손 흔들며 쫓아갔지만 놓치고 말았다.

그는 에잇, 오늘 재수 옴붙었네, 푸념을 한다.

아니면 버스가 와서 타려고 했더니 버스 운전사가 제지를 한다.

"승객이 너무 많이 타고 있으니 다음 버스를 타세요."

그러면서 문을 닫고 가버린다. 인상을 쓰며 뒷창으로 보니 버스 안은 손님으로 꽉차 있었다.

그래도 그는 땅바닥에 침을 탁 뱉으며 남이 듣던 말던 씨부렁거린다.

"제기랄, 이러다 회사 늦겠다. 저 자손 대대로 뻐스 운전사 할 인간, 아무리 콩나물 시루 같아도 좀 낑겨주지. 몇 사람 내렸었잖아."

그런데 다음 버스를 타고 가다보니 웬 차가 낭떠러지 아래에 굴러떨어져 있었다. 완전히 찌그러진 그 모습을 자세히 보니 바로 먼젓번 버스였다. 그날 뉴스엔 이 사고로 거의 다 사망했다고 나온다.

정말 죽고 사는 게 잠깐 사이에 바뀌었던 것이다.

살아난 사람은 몸을 부르르 떨며 외쳐댄다.

"진짜 큰일날 뻔했네. 그때는 왕재수였다고 생각했는데, 참 운명의 장난이란…"

옆에 있던 아내가 부추긴다.

"억세게 운좋은 당신, 우리 복권이라도 사야 되는 거 아니예요?"

복권에 당첨된 사람들은 대부분 불행해졌다고 한다. 이혼하는 경우도 있고.

한편, 기독교인들은 이렇게 하나님께 감사를 드릴 것이다.

"주님의 은혜로 살았습니다. 앞으로 열심히 교회 잘 다니겠습니다."

그런데, 나대신 누가 죽은 것이 '하나님의 은혜'라면 죽은 사람은 '하나님의 저주'인가?

이럴 경우 은혜에 겨워 간증하며 돌아다닐 것이 아니라 죽은 자에 대해 안타까워 하며 기도해주어야 한다.

골프장에서 흔히 쓰던 말, 남의 불행이 '나의 행복'이 되어서는 아니된다.

심지어 성경은 '네 원수가 주리거든 먹이고 목마르거든 마시게 하라.' 고 했는데 원수도 아닌 사람이 나대신 죽었다면 불쌍히 여기며 애도해야지 하나님의 은혜 어쩌고 하며 낄낄거리고 다니면 올바른 처사는 아니다.

진짜 감사해야 하는 경우라면 당연히 나를 대신해 목숨을 버리신 예수 그리스도의 케이스일 것이다.

그렇지 않았다면 '노아의 홍수'때처럼 몇 번이나 인류가 지구상에서 사라졌을 수도 있다.

또 소설을 써보자면, 선택받았다는 이스라엘 백성들의 한심한 작태에 분노가 치민 하나님께서 또다시 선민이건 이방인이건 싸그리 심판해버리겠다고 마음 먹으셨다.

물로는 아니고 불로 할까 뭘로 할까 오래 고민중이셨는데 예수님께서 제안을 하나 하셨다.

"내가 진짜 인간이 되어서 저들에게 진정한 하나님의 사랑, 또 어떻게 하나님을 사랑해야 하는지 알려주면 어떨까요?"

그러자 성령님이 거드셨다.

"참 좋은 의견 같습니다."

그래서 하나님은 고개를 끄덕이시며 한 번 더 기회를 주어보자고 하셨다.

성경은 '사람이 친구를 위하여 자기 목숨을 버리면 이에서 더 큰 사랑이 없나니'라고 했다. 그런데 반대로 자기 대신 남이 죽었을 경우 고마워 할줄 알아야 한다.

그런데 기독교인들이 예수의 죽음에 무덤덤하다면 믿음의 상태를 따지기 이전에, 어찌 그런 자들이 '십자가'를 지고 예수를 따르겠는가.

이제는 피끓는 심정으로 예수님의 희생, 고통과 조롱당함과 배신에서 오는 슬픔을 내것처럼 여기며 '예수 사랑'에 올인해야 한다.

눈물 위에 눈물

우리 나라는 자살률 1위의 세계적인 창피함을 안고 있다. 얼마 전에도 세 모녀가 자살했다. 오래 전에도 세 모녀 자살로 난리가 났었는데 말이다.

목사님 중엔 자살하면 지옥 간다고 으름장을 놓는 분도 있다. 그 말도 일리가 있는 게 만약 그렇지 않고 천국 간다고 소문나 보라, 그러면 자살하는 사람들이 배는 될 성싶다.

그들의 자신을 죽이는 행위에 대해 여러 말들을 한다. 오죽하면 그러겠는가, 국가나 사회가 먼저 책임져야 한다. 교회는 더 큰 건물 짓기 전에 소외된 그들을 먼저 돌봐야 한다 등이다.

아무튼 이 세상에서 눈물 흘리며 살다가 못 견디고 자살하는 것도 서러운데 죽어서도 영원히 후회의 눈물 흘린다면 그것처럼 불행한 일이 어디 있겠는가.

이 땅에서 눈물 흘리며 사는 사람들은 죽은 뒤의 영원한 세계에서 어떡하든 눈물 없이 살아야 한다. 그 방법은 천국에 가는 수밖에 없다.

불쌍한 사람들을 도와주는 것도 좋은데 이 땅에서의 도움에 불과하다면 별로 큰 도움은 아니다. 그들의 영원한 행복을 위한 것엔 실로 예수님 외엔 길이 없는 것이다.

아무튼 이땅에서 실컨 고생하다 죽은 뒤에도 영생을 불행하게 산다는 건 눈물 위에 눈물인 것이다.

평소에 눈쌀 찌푸리게 하던 전도자들의 "예수 천당, 불신 지옥"이 오늘따라 가슴에 와닿는다.

교회 다니다 안 나가는 교인들 중에 교회가 재미 없어서, 라고 대답하는 사람들이 상당수 있다.

그러나 교회는 재미로 가는 곳이 아니다. 천국 가는데 필요한 하나의 의무이다. 억지로라도 예배에 기쁨이 오고 은혜받는 경지가 될 때까지 열심히 나가 하나님께 영광 올리고 봉사도 해야 한다.

두드려야 문도 열리고 구해야 구하고 찾아야 찾는 것이다. 이것 저것 핑계 대다 보면 할 수 있는 게 아무 것도 없다. 인간에게 의인이 없듯이 이 땅에 완전한 교회는 없다. 하나님께서 통치하시는 천국에는 있겠지만 말이다.

그런즉 성전 제사 대신 드리는 예배가 눈 먼 소, 다리 저는 소를 드리는 것 같은 흠이 많은 제사처럼 되어서는 곤란하다.

그야말로 예수님이 그러셨듯이 몸과 마음을 다 바쳐 예배를 드려야 한다.

그러려면 일단 교회에 나가고, 성령님이 함께 하셔서 기쁨과 은혜가 밀려오도록 기도해야 한다.

더 이상의 '안 나가'인 '가나안 성도'로 머물러서는 안 된다.

한참을 그렇게 하는 데도 늘 예배가 맹숭맹숭 하고 지루하다면 목사님에게 문제가 있거나 교회를 바꾸어야 할지도 모른다.

아직 이 세상엔 좋은 교회, 나쁜 교회가 있기 마련이다.

아무튼 우리는 눈물 흘릴 일이 영원히 없는, 우리를 따스한 품에 안아주실 예수님이 계시는 천국의 소망을 가지고 살자. 잠시 뒤면 아주 헤어질 이 땅에 너무 미련을 갖지 말자.

특히 바라는 것은, 착하게 살아 이 땅에서 손해보는 사람들이 꼭 하나님을 믿고 사랑해서 천국에 가는 것이고, 그래야 눈물 위에 눈물 흘릴 일이 없을 것이다.

된장국에 잡채를 말아 먹다
(천사의 얼굴)

새벽에 나는 길을 떠났소.

밖엔 가랑비가 내리고 아직 캄캄하기만 했소.

그러고보니 나는 우산도 없었소.

비옷도 준비 못한 것이 후회스러웠소. 몸은 떨려오는데 여분의 옷도 안 가져왔으니 참 난감했지요.

다시 돌아가자니 다 잠가놓고 왔지, 또한 열쇠도 없었소.

길은 사방이 물에 잠겨 있었고

나는 오직 '성경'이란 지도밖에 없었소.

희미하게 드러난 마른 땅의 길을 찾아가며 잘 보이질 않아 휴대폰의 불을 켰지만 작동이 되지 않았소.

이젠 오직 '주의 빛'에 의지해야 될 판이었소. 아직 갈 길은 아득하고 해가 뜨려면 멀기만 한데.

"오 주님 급히 빛을 비추어주소서!"
나는 이렇게 기도할 수밖에 없었소.

꿈, 하면 이집트의 총리가 되었던 요셉이요, 환상, 하면 말세의 모습을 적나라하게 본 요한이다.
이 꿈이 좀 특이하게 여겨져 무슨 메시지가 함유되어 있지 않나 곰곰 따져보았다.
하지만 왜 이런 꿈을 꾸었을까 정확히 알 수가 없었다. 아마도 뇌졸중의 후유증에서 벗어나고픈 간절함 때문이었을까, 추측해본다.
지금은 그 후유증을 안고 살아가자, 작정했기에 더 이상의 기도도, 그것으로 받는 큰 고통이나 스트레스도 없다. 그것보다 받은 은혜가 많았기에 그 후유증을 상쇄하고도 남는 것이다.
꿈을 꾸고 나서 '새벽에 나는 길을 떠났소'란 제목으로 글을 쓰고자 꿈에서의 장면을 필기해 놓았었는데 막상 이 제목으로 글을 쓰려니 그래서 어쨌단 말이냐,란 생각이 들었다.
그래서 최근에 있었던 사소한 이야기와 엮어보려 한다.
혈액검사를 할 때마다 당이 높다는 소리를 의사에게서 듣는다. 또 주위의 여러 지인들이 당뇨로 고생하면서 현미밥을 드시거나 음식을 가려 먹는다. 어떤 분은 발가락 몇 개를 잘랐다며 절뚝거리며 걷기도 했다.
그런데 골드코스트의 식당 대부분이 음식을 달게 하여 잘 안 가는 편인데, 그 점이 아직도 이해가 잘 안 간다. 손님들이 단 음식을 좋아한다?

아내는 말한다.

"요리사들이 음식 맛있게 하는 것에 자신이 없어 단맛으로 맛을 내는 걸 거야."

나는 단 과자 같은 건 좋아해도 음식 단 것은 영 싫어하는데 다른 사람들은 맛있다고 먹나, 해서 아내를 위시해서 물어보지만 다 고개를 젓는다. 그럼 애들이나 젊은이들이 음식 단 것을 좋아하나?

나이 많으신 어머니가 정기적으로 배달 음식을 주문해서 드시는데 대부분이 달다.

한번은 안 드시겠다는 잡채를 주셔서 첫 젓가락질을 했더니 설탕 범벅이었다. 그간 다른 곳에서 먹었던 잡채는 내가 좋아하는 음식이었기에 먹을 때마다 이런 찬사를 늘어놓았었다.

"이 맛있는 잡채를 먹으니 왠지 잡쳤던 내 기분이 아주 좋아집니다."

그러나 이 단 잡채는 기대했던 내 기분을 잡쳐놓았다. 노인분들이 주로 시켜 드시는 걸로 아는데 당에 신경들 안 쓰시나?, 하는 물음표가 구부러진 면발과 어우러지는 듯했다.

나는 아까워서 몇 젓가락 먹었지만, 참고 먹기가 힘들었다.

나는 이 말을 내뱉고야 말았다.

"쓰레기통에 쳐넣어!"

된장국에 잡채를 말아 먹다(천사의 얼굴)

그러자 아내가 달래듯 말했다.

"그만 드시와요. 나중에 내가 먹을 게"

억지로라도 먹고자 하는 아내가 안쓰러워 나는 제공된 된장국에 잡채를 밀어넣었다. 난생 처음 시도해보는 색다른 잡채 먹기였다.

우와, 역시 별난 맛이었다. 된장맛과 어우러진 잡채의 별세계였다. 단맛보단 나아 그럭저럭 먹을 만했다. 나는 남길 것도 없이 잡채를 다 삼키듯 먹어버렸다.

웬만큼 먹다보니 국이 설탕물처럼 변해 다시 새 국으로 바꾸었다.

자 이제 달디 단 잡채와 진퇴양난에 빠져 하나님의 도우심을 구하게 된 꿈의 상관 관계를 밝혀야겠다.

꿈보다 해몽이라고 음식이 쓸데없이 망가져가는 세태를 빗대 삶이 위기에 빠졌다는 것을 풍자한 꿈, 현대의 사람들이 전혀 예상치 못했던 그릇된 방향으로 가고 있다는 경고쯤으로 말하고 싶다.

왜 아무 대책없이 비오는 캄캄한 새벽에 나왔을까? 우산도 안 챙겼으며 옷도 든든히 입지 않고 집을 나섰다? 게다가 열쇠도 없이 문은 잠겨 있어 뒤로 돌아갈 수도 없다. 이 얼마나 바보 같은 짓인가! 나는 다행히 기도해서 도와줄 분이라도 찾을 수 있지만 그렇지 못한 사람들에겐 참 무모한 짓이다.

물론 애당초 밝을 때 떠났으면 좋았을 것을 조급증 환자처럼 서둘러 떠나 하나님을 공연히 귀찮게 만들었으니 참 한심한 인간 아닌가.

어쨌든 급하게 죽음의 벼랑을 향해 가는 사람들이 바로 하나님을 외면하고 사는 사람들이다. 하나님을 떠나서 죽을둥 살둥 목숨 걸고 살지만 위기가 닥쳐왔을 때 도와줄 전능자가 안 계신 것이다. 언젠가 심판을 받을 때도 "나는 도무지 너를 알지 못하노라" 하실 것이다.

그들에게 위기가 없이 평온한 끝을 맞이한다 해도 대개 별 의미없는 짧은 삶일 뿐이다.

돈과 명예와 권력을 아무리 많이 쌓아놓은들 무슨 소용인가, 그건 돈다발을 꿈에 잔뜩 얻은 거나 마찬가지다. 한여름밤의 헛꿈에 불과하다.

종종 식물인간이 된 사람들의 그 긴 고통에 공감한다. 정신은 살아있는데 침대에 지루하게 누워만 있고, 아프기까지 한다면 그야말로 지옥의 삶이 따로 없을 것이다. 죽고 싶어도 계속 생명을 연장시키니 환장할 노릇이다. 그렇다고 그만두라고 표현할 방법도 없다. 눈만 꿈뻑꿈뻑 죽을 때까지 괴롭다.

하나님을 믿는 사람들은 그나마 빨리 낫거나 죽게 해달라고 기도라도 할 수 있지만 그렇지 못한 환자들은 살아서도 지옥, 죽어서도 지옥일 가망성이 많다.

이 얼마나 차이가 큰가. 아내는 가끔씩 목소리를 높인다.

"아니 나이 드신 안 믿는 분들, 죽음이 가까워 오는데 두렵지도 않나?"

나는 더 목소리를 높힌다.

"그러게, 무슨 배짱으로 죽음을 맞이할까. 그냥 죽으면 다 끝이라고 여기고 싶은 거지. 사탄이 그렇게 계속 속삭이고 있겠지."

물론 보이지 않는 하나님을 믿기가 쉽지는 않다. 그렇다고 보여주었던 하나님, 예수님을 다 믿지도 않았지만.

어찌 보면 믿는 것이 기적일만큼 안 믿는 사람들이 늘어만 간다. 하나님 없이도 잘 살 수 있다는 교만이 팽배해 있다. 선택 받았다는 이스라엘 백성도 거의 다 그 모양이었다.

매를 맞고 좀 나아졌다가 다시 또 하나님의 진노를 사곤 했었다. 이 인류도 하다하다 안돼 결국 종말을 맞게 될 예정에 처해 있지만, 마이동풍이다. 대다수가 나와는 상관없다는 식이고 아예 종말이 뉘집 말이냐고 할 듯하다. 믿는다고 하는 사람들도 코웃음치며 믿었던 사람들로 많이 바뀐다.

기독교인들은 '밭에 감추인 보화'를 찾듯이 전 인생을 바쳐서라도 '천국'을 얻어야 한다. 예수님이 말씀하셨던 비유이다.

"천국은 마치 밭에 감추인 보화와 같으니 사람이 이를 발견한 후 숨겨 두고 기뻐하며 돌아가서 자기의 소유를 다 팔아 그 밭을 사느니라."

엊그제 아내가 하고 있는 '어 성경이 읽어지네!' 강사반 모임에 어쩌다 끼게 되었다. 나는 안 하길 잘했다는 탄식이 절로 나올 정도로, 세상 말로 '빡쎈' 공부였다.

대여섯 명 모였는데 하나같이 천사들의 얼굴 모습들이었다. 사실 천사들을 본 적은 없지만 진짜 본다면 바로 그들 같다고 여겨졌다.

그날 저녁 교회 금요기도회에 참석했는데 마치 '천국의 예배모임' 같다고 느껴졌다. 모두들 천사 같았다. 세상에서 보지 못하는 아름다움이 거기에 있었다. 전도할 부담이 없으니 더욱 속마음이 평안했다.

이 땅에서 천국이 이루어진다,라는 말이 바로 이것이 아닌가. 기독교인이 삼위일체 하나님을 잘 믿으면 얼굴이 변화되어 아름다워짐을 확실히 알게 되었다.

나도 천사의 얼굴을 갖기 위해 부단히 노력해야겠다. 살아도 감사, 죽어도 감사의 삶을 살자. 살면서는 주님의 사업이 잘 되도록 충성을 다하다 죽을 때는 '아하, 하늘에서 나를 필요로 하시는구나.' 하며 기쁨으로 대하기를 바란다.

성경에도 변화된 모습의 모세, 예수님 등으로 우리에게 힌트를 주고 있다. 무조건 맛만 내기 위해 설탕을 들이붓는 엉터리 요리가 아니라 잘 우러난 멸치 국물처럼 맛있고 건강에도 좋은 음식처럼 기독교인들은 바뀌어야 한다.

전에 변기 닦는 솔로 커피 컵을 씻어 논란이 된 호텔 직원이 있었다. 이들은 예수님이 앞에 나타난다 해도 믿기는 커녕 조

된장국에 잡채를 말아 먹다(천사의 얼굴)

롱할 자들이다. 이런 기본이 안된 사람들에게 과연 구원이 있겠는가.

　오늘 아침에 어머니에게 배달되었던 달게만 만든 메추리알과 고구마 맛탕을 먹으며 아내가 울분을 토했다.

　"골코엔 실력없는 요리사들이 너무 많은가봐!"

　좀 늦게 떠나더라도, 시간이 걸리고 재료가 더 들더라도 원칙대로 음식을 만들자. 제발 조미료나 설탕으로 맛낼 생각을 말자. 누가 보던 안 보던 주님을 대접하듯 하자.

　교회 다니는 사람들은 수시로 거울을 보며 자기 얼굴이 천사처럼 되어가나 점검을 하자.

　인상이 더럽게 변해가는 기독교인들은 특히 조심할지어다!

맨손으로 먹기

교회에 다니면서도 긴가민가 하나님을 잘 안 믿는 사람이 자던 중 꿈을 꾸었다.

그가 천국에 갔는데 마침 식사 시간이라 식당에 가게 되었다. 역시 듣던대로 긴 젓가락으로 식탁 건너편 사람에게 먹여주고 있었다. 그런데 이상하게 다들 삐쩍 말라 있었다. 왜 그런가하고 사람들을 눈여겨 보았더니 서로 먹여주다가 손이 떨려 상대방 눈도 찌르고 뺨도 찔러 시비가 붙고, 급기야는 치고 박고 싸우는 게 아닌가.

식당 안의 모든 사람들이 그러고 있어 그는 밖으로 나가 그를 안내한 천사에게 물었다.

"여기가 천국 맞나요? 마치 지옥 같은데요?"

그러자 천사가 웃으며 대답했다.

"이번엔 지옥으로 가보시죠. 비교를 해보세요."

그래서 지옥에 갔더니 그곳에서도 식사 시간이었고 긴 식탁 양쪽에 사람들이 가득 앉아 있었다.

그런데 예상과는 달리 다들 혈색도 좋고 피둥피둥 살이 쪄 있었다. 이상하다싶어 잠시 지켜보자니 험상궂게 생긴 직원이 긴 젓가락을 나누어주자 그들은 그것을 바로 집어던져 버리고 식탁 위의 잘 차린 음식들을 손으로 마구 집어먹는 게 아닌가.

그걸 보니 이해가 되었다. 지상에선 몇몇 나라 사람들만 음식을 손으로 먹는 데 이곳 사람들은 모두 그렇게 해서 영양보충이 제대로 되는 것이었다.

꿈을 깨자 그는 기뻐서 소리질렀다.

"역시 교회는 빠질 수록 좋아. 하나님을 잘 믿으면 뭐해, 천국이 저 모양인데. 지옥이 훨씬 낫잖아!"

그때부터 그는 그나마 억지로라도 나가던 교회를 거의 안 나가게 되었다. 그나마 아주 끊지 못하는 건 아는 사람들을 만나 수다를 떨 수 있기 때문이었다.

아울러 음식을 먹을 때마다 맨손으로 먹는 연습을 해댔다. 익숙해지면 언젠가 큰 도움이 될 것 같았다.

한편, 사탄의 왕국에선 파티가 열렸다. 지옥으로 또 한 사람 보내게 되었다고 서로 축하하며 꿈을 기획한 사탄의 졸개가 훈장을 받게 되었다. 덩달아 그의 직급도 오르고.

누구나 죽게 되어 있고 죽은 다음 예수님의 재림 때 천국과 지옥으로 나뉘어 가게 된다. 죽음은 하나님을 믿는 자들에겐 축복이고 믿지 않는 자들에겐 저주가 될 것이다.

늙어가며 아프고 잘 못쓰던 몸이 젊고 싱싱하게 변화되어 참 행복이 이런 것이구나, 느낄 만큼 영원한 생명을 얻는 천국! 반대로 지옥은 하루하루 견디기 어려울 정도로 힘든 곳일 것이다.

살아서 부자였던가 하인을 부리며 편하게 살던 사람들은 더 큰 고통을 받게 되어 옛날의 즐거웠던 삶을 떠올리며 후회의 나날을 보낼지도 모를 일이다.

어쩜 늙으막해서 할 일이 없어 너무 무료하거나 병에서 오는 고통 또는 절망감, 돈 때문에 자살한 사람들은 영원히 심심하거나 영혼이나 육체에 가해지는 통증을 느끼며 살지도 모른다.

죽으면 끝이 결코 아니다. 영원한 세계가 열리는 것이다.

기독교인들은 하나님께서 부르실 때까지 어떡하든 살아남아 되도록 이땅에서 영혼 구원에 최선을 다해야 한다.

그것은 의무이며 참 복을 받는 길임을 명심해야 한다.

지옥에 간다면 이 땅에서의 복은 아무런 소용이 없다. 잠시 행복 했었고 부자였고 권세가 있었고 좋은 추억이 아무리 많다한들 전혀 도움이 안 된다.

잘 먹고 잘 살아봐야 하나님께 영광이 되지 않았다면 썩어질 몸 만들고 화장실 이용했던 것밖에 남는 게 없다.

작금의 기독교에선 잘 안 믿는 사람들의 지옥에 대한 공포를 심어줄까 염려되는 배려 차원에서 되도록 그것에 대한 언급을 꺼린다. 그러니 교인 간에도 천국에 대한 대화까지 금기시되는 분위기가 형성되어 있다.

사탄의 작전이 잘 먹혀들어가는 상태라 아니할 수 없다.

우리는 명심해야 한다.

곧 그 날이 다가온다. 등불의 기름을 준비한 슬기로운 신부처럼 천국과 지옥의 갈림길이 될 날에 별 이상 없도록 해야 한다. 반드시 천국에 가야 된다. 영원히 지옥의 고통을 참고 견딜 수 있겠는가?

천국과 지옥이 잘 안 믿어진다고?

그럼 믿어질 때까지 구하고 찾고 또 두드리고 울부짖으며 회개하라. 천국은 감나무 밑에서 입 벌리고 감 떨어지기를 기대하는 것 같이 해선 절대 갈 수가 없다.

교회 다닌다고 주여 주여, 한다고 해서 천국에 간다고 착각하지 마시라. 주님의 나라와 의를 구하는 일에 영과 육으로 목숨 걸듯 해야 한다.

천국은 '침노하는 자의 것'이라고 성경에 씌여있듯이 악착같이 매달리며 하나님의 은혜를 구해야 한다. 그래야 구원이 이루어지는 것이다.

세상 사람들이나 교회의 다른 교인들이 "꼭 저렇게 미친 듯 믿을 필요가 있을까?" 말할 정도로 열심을 내야 한다.

그러니 전혀 믿지 않는 사람들은 오죽 하겠는가. 그들의 앞

날이 훤히 보인다.

　왜 곧 끝날 이 인생엔 죽을둥 살둥 매달리면서 영원한 천국엔 별로 신경 안 쓰는가?

　사탄의 강한 세력이 막기도 하지만 인간 자체가 악하고 어리석어서이다.

　지금 당장부터 천국을 향해 발걸음을 내디디자. 천국을 향해 달려가야 한다.

몰아서 먹기

너튜버가 못살기로 소문난 나라의 빈민가를 찾아갔다.

낡고 찌그러져 곧 쓰러질 듯한 길고 가는 삼층집으로 들어가 이층에 주저앉았다.

이층엔 형제가 살고 좁다란 계단을 오르면 그들의 부모와 어린 동생들이 기거했다.

화장실 겸용인, 그으름으로 사방이 시커먼 일층 부엌에서 마침 식사가 마련되어 형제는 접시들을 이층으로 날라왔다. 한때 하얀 색이었던 것으로 여겨지는 테두리 여기저기가 깨진 누런 색깔의 접시였다.

양은 둘째치고 맛도 보기도 좋지않아 보였다. 너튜버는 안 먹겠다고 한 게 꽤 잘했다 싶었다.

그런 음식 접시를 앞에 놓고 형제는 가위바위보를 했다. 몇 번 비긴 끝에 형이 이기더니 두 접시를 모두 자기 앞으로 몰아가 혼자 먹기 시작했다.

너튜버가 의아해서 동생에게 물었다.

"이건 뭐요?"

동생은 씨익 웃으며 답했다.

"보다시피 양도 얼마 안돼 가위바위보를 해서 한 사람이 몰아먹기로 했었죠. 그런데 형이 그걸 잘해서 번번이 먹어치우고 있어요."

아닌게 아니라 형은 통통해 보였고 동생은 비쩍 말라 있었다. 너튜버는 자기도 모르게 큰 한숨이 흘러나왔다. 집을 나서며 그는 형제에게 심각한 표정으로 말했다.

"형제라면 콩 반 쪽이라도 나눠먹어야지."

교회 가자고 하는 아버지에게 아들이 말했다.

"가셔서 제 몫까지 함께 예배 드리세요."

시큰둥한 아들의 말에 아버지의 얼굴이 일그러졌다.

"내가 죽으면 누가 예배를 네 몫까지드리겠니?"

아들이 휴대폰에서 눈을 떼지 않은 채 대꾸했다.

"천국에 미리 가서 자리 잡아 놓으신 엄마 빽으로 거기 가게 되겠죠 뭐. 너무 걱정 마세요."

"그러다 네 엄마 영원히 못 보게 된다. 다시 보려면 반드시 교회 나가서 믿음 생활을 해야 돼."

"죽기 전에 교회 다닐게요."

"사람 목숨은 언제 끝날지 몰라. 미리미리 방비를 해야 되지. 사람들이 말하잖아. 태어나는 건 순서가 있어도 가는 건 순서가 없다고. 자동차도 사고 안 난다고 보험 안 들었다가 큰 사고 나서 낭패 보는 사람이 있잖아. 그리고 구원은 하나님의 은혜로 스스로 이루어야지 누가 빽 쓴다고 절대 되지를 않아."

아들이 콧방귀 뀌듯이 내뱉는다.

"근데, 교회 가기 싫은데 억지로 가서 뭐가 좋겠어요. 기쁜 마음으로 가야 하나님도 반가워하시겠죠."

"마귀가 자꾸 가기 싫은 마음을 주입시키거든. 그럴수록 억지로라도 가서 믿음 갖게 해달라고 기도해야 돼."

"안 나오는 기도라도 억지로 해라, 그래요. 순종은 미덕이라던데 아버지 말씀대로 오늘 교회 갈 게요."

아버지는 하늘 우러러 속삭이듯 하나님께 감사하다고 했다.

아버지와 아들은 함께 교회를 갔다. 오늘 따라 기다란 설교에 지루해하는 듯하던 아들이 휴대폰을 들여다보았지만 아버지는 못 본 채했다. 일단 교회라도 나와준 것이 여간 고마운 일이 아니었던가.

매일 성경 읽기를 하고 있는 이집사는 워낙 하는 사업과 취미 생활이 바빠 제대로 못 읽고 넘어가는 날이 자주 있었다.

이러한 은근한 부담에 그만둘까를 여러 번 생각했었다.

오늘도 어제 것과 함께 읽고난 뒤 카톡방에 완료톡을 올리며 '까짓것 일 주일 못읽으면 어때, 바짝 시간 내서 읽으면 가뿐하지 않겠어.' 속으로 중얼거렸다.

그런데 진짜 이럭저럭 하다보니 일 주일을 못 읽게 되었다. 그래서 무슨 일을 하며 스피커 폰으로 성경을 듣게 되었는데, 하루치를 다 듣고난 뒤 하던 일이 끝나버렸다.

그런데 또다른 일은 성경읽기를 들으며 병행할 수가 없어서 이따가 듣지, 하다가 결국 갑자기 몰려오는 잠에 그냥 침대 이불 속으로 들어가버리고 말았다.

다음날 아침에 그는 후회스러운 말투로 내뱉었다.

"몰아서 하는 게 쉽지를 않구먼. 밥도 한꺼번에 먹을 수 없듯이 성경도 어떡하든 그날 그날의 양식처럼 읽어줘야돼."

그러면서도 그는 더욱 바빠졌고 영영 성경 읽기에서 멀어지게 되었다. 그와 아울러 교회 예배도 할 수만 있으면 빠졌고 믿음이 과연 무엇인가, 의문 부호만 가득 그의 머릿속을 어지럽히게 되었다.

밤새 쳐놓은 거미줄

 텔레비전은 누가 큰 액수의 복권에 맞아 횡재했다는 뉴스를 내보내고 있었다. 1조 7천억원, 미국 역사상 8번째라고 했다.
 조집사는 내뱉듯 지껄인다.
 "또 한 사람 지옥에 가게 생겼어. 먼저 대박 맞은 사람 중엔 이미 '지옥 증명서'를 받아놓은 부자도 있지 않겠나 싶어."
 아내가 듣다가 손을 가슴 위에 대며 말한다.
 "당신은 항상 부정적이야. 난 그래도 저런 복이 터졌으면 좋겠다."
 "부자가 하늘 나라 가는 건 낙타가 바늘 귀로 들어가는 것보다 어렵다고 했어."
 조집사의 말에 아내는 당당하게 말했다.
 "다 사람 나름이죠. 선교와 구제 사업도 잘하고 교회도 크게 지어봐요. 하나님이 그런 사람 지옥에 보내겠어요?"

"그건 벼락 맞기보다 훨씬 더 어려울것 같아. 어떻게 맞은 로또인데, 하며 자신의 욕망을 맹꽁이 배처럼 부풀릴 걸?
예수님과 대화했던 부자 청년도 가진 재산을 다 팔아 가난한 사람 주고 날 따르란 말에 한숨만 쉬며 뒤돌아섰잖아."
아내는 핏, 하며 뒤돌아선다.
"평생 집값 물다 끝날 인생보단 그래도 낫겠지."
조집사는 그런 아내에 씁쓸한 기분이 들었다. 기분 전환으로 마당으로 나가 몇 걸음 걷자 거미줄이 얼굴에 감겨왔다.
'힘들여 쳐놓은 거미줄, 모조리 없어져도 거미는 실망하지 않고 또 치기 시작하겠지. 마음 약한 사람은 끊겨진 거미줄 같은 상황에 빠지면 절망감에 죽네 사네 할지도 모르겠지만. 아무리 부를 쌓으면 뭐해, 이 거미줄처럼 일순간에 날아가버릴 걸. 죽은 자는 남겨놓은 돈을 다시 찾을 수는 없지.'
예수님의 말씀이 얼핏 떠올랐다.
어떤 부자는 소유한 밭이 풍작을 이루자 불룩 튀어나온 배를 기분좋게 두들겼다.
'창고를 크게 늘려 수확물을 다 쌓아놓고는 평안히 쉬고 먹고 마시고 즐거워하는 거야.'
그러자 하나님이 어리석은 자여 오늘 밤에 네 영혼을 도로 찾으리니 그러면 네 준비한 것이 누구의 것이 되겠느냐, 하셨다.
조집사는 깊은 탄식을 했다. 완전히 성령에 사로잡혀서 하늘나라의 생활처럼 해야 하는데 이 땅에 코꿰어서 매일매일을 무거운 짐을 지고 가지 않는가.
　가끔씩 돌아오는 교회의 대표기도도 전엔 교인들에게 잘 보여야 하겠다는 듯이 기도문을 짰었다.
　이제사 하나님께 드리는 기도라는 당연한 자각이 들었으니 얼마나 다행스런 일인가.
　예배 참석도, 찬양과 헌금도 그냥 성의없이 내 기분대로 하였으니 얼마나 한심스런 일이었나.
　이제는 하나님의 '기뻐하심'에 계기 바늘을 맞춰야겠다.
　이런 각오를 할 때 전화가 왔다. 같은 교회의 박집사였다. 그는 하소연하듯이 운을 뗀다.
　"조집사님, 내가 교민 온라인 신문에 믿음에 관한 글을 싣잖아. 그런데 너무 반응이 없어요. 매번 댓글이 어떻게 하나도 없냐 이거야. 차라리 글이 왜 그러냐, 라는 혹평이라도 있었음 좋겠어요."
　조집사는 친절하게 위로의 말을 건넨다.
　"예수님한테서 열 사람의 고침받은 시각장애인 중 고맙다고 찾아온 사람은 단 한 사람뿐이잖아요. 그렇게 눈을 뜨게 된 획기적인 사건임에도 그랬는데, 요즘 누가 글 같은 거 읽어나 보겠어요?"
　말하면서 몇 걸음 걷다보니 또 끈적한 느낌의 거미줄이 얼굴로 달려들었다. 시골로 불리는 지역이라 각종 곤충들의 지상낙원이나 다름없지,라고 그는 속으로 중얼거렸다.

"맞아요. 다들 영화 아니면 연속극 또는 각종 예능에 시간들을 보내지요. 하기사 성경도 안 읽는데 내글을?"

조집사는 얼굴의 거미줄을 걷어내며 힘주듯이 말했다.

"오늘만해도 벌써 몇 번이나 공중에 쳐진 거미줄을 흐트렸습니다. 하지만 거미는 교훈을 얻어서 다른 곳에 거미줄을 칠 겁니다. 웬만해서 굶어죽지는 않겠죠?

거미줄은 망가지면 또 치면 되지만 생의 그것은 대개 단 한 번으로 끝납니다. 거미줄에 구원을 확실하게 옭아매야 바람직한 삶이라 일컬어진다고 봅니다.

박집사님도 글 안 읽는 세대를 위해서 읽을만한 글로 발전시킨다면 언젠가 결실이 있을 겁니다. 다 쓰지도 못하고 죽는 거액의 로또 당선자들, 예수 안 믿는 그들의 허무한 인생보단 얼마나 값어치가 있는 일이에요."

고맙다며 전화를 끊으려는 박집사에게 조집사는 한 마디 더 덧붙였다.

"갑자기 머리를 때리는 생각인데, 이젠 독자를 바꿔보세요. 피리를 불어도 춤추지 않는 세대보다는 예수님을 비롯한 하늘의 여러 식구들과 이 땅에서 활동하는 천사들을 구독자로 알고 글을 쓰세요. 아마 더 큰 이득이 있을 겁니다."

스피커 너머에서 박집사의 껄껄 웃는 소리가 들렸다. 조집사는 너르고 푸른 마당 한 가운데에 박집사의 모습을 홀로그램처럼 떠올려보았다. 곧 그의 목소리가 뒤따랐다.

"어쩜 옛날 욥의 사건처럼 하나님이 사탄과 내기를 하시는 건지도 모르죠. 우리의 믿음을 두고 말입니다. 그 거미줄 같은 곧 없어질 짧은 삶에 목숨을 거느냐, 영원한 하늘나라를 위해 사느냐를 두고요."

조집사가 부르짖었다.

"우리는 당연히, 언제나 하나님의 편에 서야 합니다!"

복종

'복종' 하면 기독교인들은 우리의 죄를 위해 죽기까지 복종하신 예수 그리스도를 떠올리고 세상 사람들은 독재자나 조폭 세계를 떠올릴지 모른다.

즉, 세상에선 긍정보다는 부정적 이미지가 더 강한데 내 경우엔 '복종'으로 재미를 좀 보았기에 이것을 추천해드리고자 한다.

그간 "위에 있는 권세들에게 복종하라"란 성경 말씀에 이해가 될 듯 말 듯 했었다.

여러 해석들이 있었지만, 당시 꽤나 막강한 로마에 대항하다가 크리스찬들이 다 전멸될까 걱정되어 바울이 말하지 않았나가 제일 그럴 듯 했다.

그런데 어느날 복종이란 단어가 마음 깊이 새겨지며 지금 권세 가진 자가 누구인가 생각해보니 바로 아내였다.

학교 선생님 출신인 아내는 말투가 좀 명령적일 때가 많아 나와 다투는 적이 제법 있었다. 그녀는 평범하게 말해도 상대가 기분 나빠지는 특별한 재능을 지니고 있는 것 같았다.

다툼으로 아내가 미워질 때는 집안 식구가 원수라는 예수님 말씀이 바로 이런 것 아닌가, 생각되었다. 물론 원수치고는 '멀리 하기엔 너무 가까운 당신'이었지만 말이다.

아내는 어느날 이런 말을 했다.

"악한 세력을 이기게 해달라고 기도했더니 하나님이 악한 사람은 바로 너야." 하시는 것 같았어.

나는 생각했다. 바로 이거다. '선으로 악을 이기라!' 하지 않았나.

내가 더 큰 악으로 아내를 이기려다 싸움이 붙고 헤어지는 문앞까지 가지 않았었는가. 선으로 이기는 수밖에 없었다. 그것은 별로 틀리지 않아 보이면 아내의 말에 무조건 복종하는 것이었다.

인간 예수님도 선한 목적을 위해 죽음에까지 복종하셨다.

가난하고 힘들면서도 거룩한 삶을 살며 하나님께로 가는 올바른 방법을 가르치시고, 우리의 죄를 위한 희생 제물로 목숨 바치는 모범에 이어 부활하시므로 영원한 희망을 알려주신 예수님이셨다.

여러 성경 속의, 기독교의 순교자들도 예수님을 닮아서 죽음에 무릎 꿇지 않고 죽기까지 복종했다. 즉 주님을 믿는 믿음과 진리의 수호, 마치 사랑하는 친구를 위한 것처럼 목숨을 바쳤던 것이다.

굴욕 속에서 짧은 삶을 유지하는 것보다는 영원한 생명의 환희를 과감하게 택했던 것이다.

아마 이들은 천국에서 예수님과 함께 앉아 만찬을 즐기고 있는지도 모르겠다.

어쨌든 그때부터 아내에게 가급적 복종하는 자세를 취하자 둘의 관계는 급속도로 좋아지는 것 같았다. 더 이상의 싸움도 일어나지 않았고, 아내도 좀 고분고분 해지는 듯싶었다.

이젠 더 이상 이혼이란 단어를 떠올릴 필요가 없었고 아내가 웬지 더욱 사랑스러워보이기까지 했다.

진작 복종하지 않은 게 후회스러울 정도였다. 그랬다면 얼마나 더 즐거운 결혼 생활이었겠나.

아내와의 관계에서도 이럴진대 하나님과의 관계에서는 복종이 더욱 중요하다.

우리가 하나님의 명령, 말씀에 복종하지 않으면 천국을 얻기 힘들다. 아담과 이브는 말씀에 복종하지 않은 첫 인류이다. 그 뒤로 수없이 많은 사람들이 복종과는 거리가 멀어 여러 심판을 받았지만 아직도 복종하지 않는 사람들이 훨씬 많아 말세가 오고야 마는 것이다.

전에 알던 부부 집사가 있는데 남자 집사님은 천하 호인이었고 여자 집사님은 남성적 기질이 다분한 미인이셨다.

주로 여집사님이 지시를 하는 편이었고 남집사님은 군말하지 않고 그 명령(?)에 잘 따랐다.

어느 때 내 앞에서 아내가 무언가를 부탁보다는 지시에 가깝게 말하자 그는 나를 보며 멋쩍은 듯 이렇게 중얼거렸다.

"다 포기 했습니다."

그것은 마치 그의 생존권을 아내가 쥐고 있다는 식으로 들렸다.

어쨌거나 아무리 보아도 그 가정은 평안해 보였고 명령에 잘 따르는 남집사님도 행복해 보였다.

허우대도 멀쩡한 사람이 와이프에게 꼼짝도 못하네?, 생각하며 처음에는 한심해 보였던 그 남집사님의 용기(?)가 대단하고 현명해 보였다.

그래서 그것을 보며 그간 아내와 늘 다투었던 나도 내 주장을 포기하자, 하게 되었고 복종의 단계까지 이르렀던 것이다.

'집사람한테 복종하지 않으면 누구한테 하랴. 이건 교만한 나를 쳐서 낮추시려는 하나님의 계시다!'란 삶의 목표를 추가하자 평안을 찾게 되었고 행복감도 밀려왔다. 전에 주위의 나이 드신 분들이 내뱉던 "빨리 포기하면 만수무강에 지장 없지."란 말이 실현되는 순간이었다.

'가화만사성'이라 즉 '가정이 화목하면 모든 일들이 잘 풀린다'처럼 그저 아내 하자는 대로 했더니(물론 아주 중요한 것은 원칙대로 하고) 아내 얼굴에서 웃음꽃이 피고 내 얼굴에서도 화색이 돌았다. 뇌졸중이 닥쳐 아직 회복 중이던 나를 보고 사람들이 소리치곤 했다.

"전보다 훨씬 좋아졌네! 다 나은 것 아니야?"

하다못해 사람한테 복종해도 이런데 우리의 창조자이신 하나님께 복종하지 않으면 어쩌겠다는 것인가. 교만을 부린 인간들은 다 멸절 당하거나 고난을 받았다. 죽어서도 천국 근처도 가지 못할 것이다.

하나님의 말씀, 명령에 복종하는 길만이 이 땅에서도 복이요 죽어서도 영원한 생명의 길이 아니겠는가.

어찌 보면 하찮은 이 인생, 주님의 영광을 위해 살지 않으면 정말 버러지 같은 나머지 삶이 될 것이다. 그러나 주님의 일을 충실히 수행할 때 나는 천하보다 귀한 인생이 되어 주님은 나를 왕처럼 높여주실 것이다.

수퍼마켓에서 파는 바비큐 통닭을 보면 두 다리를 가지런히 모아 묶어놓았다. 구매자의 입맛을 위해 그야말로 날 잡아잡수, 완전히 포기한 자세다.

우리에게 자유의지를 주셔서 믿거나 말거나 하시게 했지만 우리는 직원에 의해 구워지는 통닭처럼 자유의지를 반납하고 백 퍼센트 복종의 자세를 취해야 한다. 그러면 하나님께선 꽤 흡족해하시며 생명책에 복종자의 이름을 올리실 것이다. 하나님은 모든 사람이 이같이 하기를 바라고 계신 것이다.

뇌졸중 뒤에 나의 삶의 느낌은 달라졌다. 전엔 하나님을 잘 믿는다 하면서도 진정한 행복을 음미하지 못했었다. 하물며 하나님을 믿게된 사형수들이 사형 집행 당하면서도 행복하게 죽어가는데 이건 뭐 문제가 많은 것 같았다. 그러나 별로 심각하게 생각하지 않았었는데, 지금 생각하면 그건 큰 문제였었다.

사흘 뒤에 깨어나지 못하고 그냥 죽었다면 천국엔 가겠지만 상급은 그리 많지 않을 것이었다. 지금의 생활보다 더 불편하고 천박하게 영원을 보낸다면, 이곳도 천국 맞는가, 싶을 것이다.

그래서 난 뇌졸중의 후유증으로 불편을 겪고 있지만 진정 감사하며 살고 있다. 전엔 불평과 불만으로 무엇이든지 비판적인 시각을 가지고 있었는데 지금은 다 없어지고 오로지 온유한 사람이 되고자 기도하고 있다.

또 과연 내가 거듭 태어난 것인가, 하던 회의가 이젠 사라져 버렸다. 죽다 살아나서 그런 것인지는 몰라도 다시 태어난 느낌이 확실히 드는 것이다.

한편 아내에게 복종해야지, 하다 보니 하나님께 싫든 좋든 무조건적으로 복종해야 한다는 믿음도 생겼다.

예를 들어, 주일날 교회 가기 싫을 때가 전엔 있었다. 찬양도 시끄럽게 들리고 설교는 지루하고 교회 의자에 앉아 있는 것 자체가 힘들었다고나 할까.

그러나 예배는 하나님께 영광을 드리기 위한 것이니만큼 우리의 기분에 맞출 수는 없다. 의무적으로라도 최선을 다하며 기쁨을 느끼고 은혜를 받아야 한다. 즉 먹든지 마시든지, 죽든지 살든지 주님의 영광을 위해 해야 하므로 억지로라도 열심을 내다보면 습관이 되고, 습관이 계속되다 보면 행동으로 굳어져 마음에까지 영향을 미치는 것이다. 특히 예배도 참석 안 하고 하나님을 믿는다 하는 것은 매일 보물을 함부로 버리는 것보다 더 큰 손해가 임할 것을 알아야 한다. 언젠가 영원히 뼈아픈 후회가 따를 것이기 때문이다.

가만 더듬어보면 아내 덕분에 천국에 가게 되었다는 확신이 생겼는데 이게 다 하나님의 계획이었다는 생각이 든다. 두 사람이 만나게 된 것은 아내의 기도 덕분이었고, 내가 선택된 것은 나를 잘 보신 하나님의 은혜였던 것이다.

아내는 말했었다.

"모르고 중요한 몇 가지를 빼고 기도 했는데 바로 그 몇 가지를 당신은 가지고 있지 않았어."

그 몇 가지는 무엇인가, 독자 여러분의 상상에 맡긴다.

어쨌든 결국을 따지면 예전에 때로는 마귀 할멈 같았던 아내의 얼굴이 화사한 천사의 모습으로 보이지 않을 수가 없는 것이다.

이 땅에서의 잠깐의 행복, 고통, 기쁨, 재물, 권력 등이 무슨 의미가 그리 크단 말인가. 정작 중요한 것은 앞으로의 영원한 것들이다.

영원한 생명을 얻기 위해 놀이 동산의 두더지 잡듯 자기를 쳐서 올바른 쪽으로 복종시켜야 한다.

하나님의 말씀대로 살아야하는데 전엔 본능대로, 짐승처럼 살았었다.

이제 위에 있는 권세들에게 복종하라,란 성경 구절이 새삼 삼위일체 하나님께 복종하라는 말씀으로 크게 다가온다.

성공한 인생

같은 교회 어느 여집사님은 얼마 전 새 집을 지어서 이사를 했다. 전에 살던 집도 좋았지만 새로 이사한 집은 더 좋았다.

멋진 현대식의 이층집으로 방도 많고 목욕실도 많은 아주 편리하게 만든 집이었다. 게다가 바로 옆이 골프장이라 경관도 좋았다.

전에 살던 집은 팔지 않고 세를 놓는다니 금전적으로도 여유가 있어 보였다. 하기사 남편이 의사이고 집도 몇 채 있으니 한마디로 부자라 불릴만 했다.

부모를 닮은 멋진 외모와 공부도 잘하는 자녀들을 보면 복을 많이 받은 것으로 보여 성공한 인생이 아닐 수 없다.

그런데 만약에 이 집사님이 하나님을 모르는 사람이라면 불행하기 그지 없을 것이다. 예수님은 부자가 천국 가는 것이 낙타가 바늘귀로 들어가는 것보다 더 힘들다고 하셨다. 왜냐하면 부자들은 웬만한 것은 돈으로 다 해결할 수 있으므로 굳이 하나님을 믿어 기도할 필요가 없기 때문이었다.

그러므로 인삿말로 "부자 되세요!" 하는 것은 자칫 "지옥 가세요!" 하는 뜻이 될 수도 있다.

하지만 이 집사님처럼 좋은 믿음을 가지고 있다면 부자라도 얼마든지 천국에 갈 수 있다고 생각한다. 그간 한참이라면 한참을 보아 온 나의 견해로선 그렇다는 것이다.

다시 말하면 진정 '성공한 인생'이 되려면 하나님을 믿고 충성된 삶을 살아야 된다.

그렇지 않으면 주어진 인생 남부럽지 않게 살며 온갖 호화를 다 누린다한들 (사실 지나놓고 보면 잠깐이다.) 고통스럽게 영원히 산다면 얼마나 실패한 삶이란 말인가.

나는 이 집사님을 보면 웬지 흐뭇해진다. 교회도 열심히 나오고 성경 공부도 충실히 하지 봉사도 잘하므로 부자들의 귀감이 된다고 보기 때문이다. 부자가 천국 가기 어렵지만 가능하다고 하는 것을 보여주고 있지 않는가.

한편 또 다른 케이스를 살펴보자. 실화는 아니지만 있을 법한 얘기를 늘어놓고자 한다. 목적은 부자가 되기보단 하나님을 잘 믿고 사랑하는 사람이 되시라고 강권하는 것이다.

이 땅에 부를 축적해봐야 별로 도움도 안 되고 오히려 독이 될 수도 있다. 물론 그 부를 하늘의 상급 쌓는데 투자한다면 최고일 수도 있겠지만, 그건 참 어려운 결단이 될 것이다.

성인씨는 칠 십을 넘었지만 각종 운동으로 단련된 튼튼한 다리를 갖고 있다.

골프와 테니스를 즐기는데 골프는 싱글 플레이어요 테니스는 선수급이다. 물론 운동신경이 남달리 좋은 점도 있지만 타고난 노력형이다. 거의 매일 짐(헬스클럽)에 가지 집에도 각종 운동기구가 즐비하다.

그는 집 앞마당에 나와 잔디밭 위에 박힌 듯 버티고 서서 사방에 핀 예쁜 꽃들을 바라본다. 그리곤 만족한 듯 밝은 미소를 짓는다.

곧 고개를 들어 언제 봐도 멋진 자신의 이층집을 올려다본다. 현대식으로 설계된 전원주택이다. 이층에서 바라보는 바깥 경치는 가히 최상급이었다. 특히 비가 오거나 눈이 올 때 통유리창을 통해 보는 풍경은 보는 사람으로 하여금 탄성을 발할 만큼 아름다웠다.

이 집은 가끔씩 와서 사용하는 별장으로 올 때마다 그에게 만족감을 주었다.

자식들에게 모두 큰 몫으로 풍족하게 떼어주고도 아직 큰 건물 하나와 고가의 아파트, 이 전원 주택이 그의 소유로 남아 있었다.

지난 일들을 돌이켜보면 매일매일이 도전의 연속이었다. 때론 한 치 앞도 안 보이는 안개 속을 헤매기도 하고 어떤 때는 깊은 물속에서 허우적거리다 간신히 빠져나오기도 했었다. 어디 그뿐인가, 강렬한 불길 속에 있는 것 같은 고통으로 괴로워도 했었다.

그러나 이 모든 걸 잘 극복하고 처리하여 오늘의 성공에 이르렀다. 자기가 생각해도 자신을 칭찬할만 했다. 그를 둘러싼 사람들, 회사 직원들, 친구나 친척들도 한결같이 그를 부러워했다.

백 살까지는 거뜬히 살 것 같은 건강한 몸을 가지고 있지, 남은 인생 돈을 펑펑쓰고도 남을 만큼 가졌지, 자식들도 가정적으로 사회적으로 성공한 사람들 꼭대기에 이름을 올려도 될 정도였다.

그런데 성인씨는 나이를 먹으면서 왠지 알 수 없는 불안감으로 불편해 했다. 그것은 마치 맛있는 음식을 먹으며 모래알을 함께 씹는 느낌이었다.

게다가 최근에 고등학교 동창인 친구가 한 말 때문에 더 그랬다. 그는 교회에 다니고 있었으며 성인씨를 구원시키겠다며 힘써 노력하는 중이었다.

그러나 성인씨는 기독교인 친구를 '교회 다니는 재수없는 놈'으로 규정하고 있었다.

왜냐하면 전도 한답시고 하는 말마다 성인씨를 불편하게 하고 때론 밤에 잠이 안 올 정도로 신경 쓰게 만들기 때문이었다. 특히 며칠 전에 성경 말씀이라고 들려준 말은 되씹을수록 그가 괘씸하게 여겨질 정도였다. 그 구절은 다음과 같았다.

'하나님은 이르시되 어리석은 자여 오늘 밤에 네 영혼을 도로 찾으리니 그러면 네 준비한 것이 누구의 것이 되겠느냐.'

오늘 밤에 죽을 수도 있다는 말은 몹쓸 소리로 들렸으며, 설령 그렇더라도 누구의 것이 아니라 당연히 사랑하는 자식들 소유가 될 게 아닌가. 어떻게 벌었는데 자식들 말고 엉뚱한 인간들에게 빼앗길 수가 있단 말인가.

성인씨가 이러한 이유로 친구를 나무라자 그가 또 되지도 않는 말을 했다.

"이 땅에서 복을 받았다고 생각하지만 영원한 천국의 복이 진짜 복이다. 모두 없어질 이 세상 것에 목숨 걸지 말아라. 이 세상에서의 삶이 자랑스럽다고 다가 아니야. 저 세상까지 잘 연결되어야 가치가 있는 것이지. 다시 말하면 제한된 시간의 이 세상 모든 것이 죽은 뒤의 영원한 것에 비하면 사소하기 이를 데 없다고나 할까."

성인씨는 예수쟁이 친구의 말이 무슨 '귀신 씨나락 까먹는 소리'로 들렸다. 그래서 이렇게 쏘아붙였다.

"죽으면 다 끝이지, 뭐가 또있어? 그러니 현재의 삶에 충실하며 즐겁고 보람되게 보내는 게 최고야. 건강과 사랑과 행복이 최대의 과제지."

그러자 친구는 약간 심각한 표정으로 말했다.

"만약에 천국과 지옥이 진짜 있으면 어떡할래?"

"그냥 지옥 가면 되지 뭐."

친구는 고개를 이리저리 흔들었다.

"말은 쉽게 하지만 그 영원한 고통을 어찌 감당할 수 있겠어."

자, 친구의 말에 성인씨는 마음을 바꿔먹을까?

거의 모든 사람이 고개를 저을 것이다. 믿든 안 믿든 사람의 성품과 생각은 바뀌기 힘들다고 하기 때문이다. 더군다나 나이 든 사람의 고집은 꺾기 힘들다. 게다가 마귀가 예수 못 믿게 방해하고 있을 텐데 '나 예수 믿겠소!' 한다면 그건 기적이다.

그렇지만 성인씨에겐 한줄기 희망이 있다. 그는 늘 자연을 바라보며 어떤 창조주가 있지 않을까 생각한다. 어찌 이 섬세한 생명의 신비, 동물과 식물이 또 저 우주가 자연히 생겼단 말인가, 너무 불가능한 것을 사람들이 믿고 있지 않는가.

죽은 다음에 벌어질 일들, 기독교인 친구의 말이 정말 맞지 않을까 고민해본다.

만약에 이러한 생각조차 안 한다면 그는 언젠가 죽기 싫어 돈을 움켜쥐며 발악하듯이 죽을 확률이 높다. 시쳇말로 저승사자가 지옥의 염라대왕 앞으로 질질 끌고 가 재판받게 하련다고 할 수 있다.

엄밀히 말하면 예수님이 언젠가 다시 오셔서 죽은 자들을 깨워 그때 심판하신다.

구원받은 자들은 천국으로 가고 그렇지 못한 자들은 지옥으로 간다.

그 전에 죽는 사람들은 '음부' 라고 성경에 명시된 장소에서 대기한다. 아마 성실한 기독교인들은 '낙원'에 먼저 가게 될 것이다.

성인씨는 참 기독교인처럼 느껴지는 친구에게 이런 것들을 말했더니 그는 반색을 하며 응답했다.

"진정 훌륭한 생각을 했네. 그건 내가 보기에 믿게 될 거란 신호야. 홍수로 인류가 다 멸망했어도 노아는 그런 생각으로 시작해 의인이 되어 구원을 받았으리라 보아. 또 믿음의 조상 아브라함도 창조주를 마음 깊이 새겼기 때문에 그렇게 깊은 영성을 가졌을 것이고 바울 또한 사울이었을 때에 예수 믿는 사람들을 박해하는 것에 회의를 느꼈다고 봐. 그래서 예수님이 하늘에서 불렀을 때에 그렇게 금방 순종하지 않았나 싶어. 자네는 지금 무언가 진리를 찾고 있다가 예수님이 계시는 곳의 문을 두드리고 있는거야. 끊임없이 구하면 반드시 찾게 되어 있지."

맞는 말이다. 영원히 멸망하는 자들은 오로지 배불리 잘 먹고 즐기는 편안한 삶만을 추구한다. 이 생의 안위만을 바라는 그들의 마음 속에 하나님이나 예수님이 비집고 들어갈 틈이 없다. 성령님이 가까이 오셨다가 너무나 매몰찬 그들의 냉랭함에 진저리를 치며 도망치실 판이다.

이러한 생각의 차이로, 행동으로 연결되어서 영원한 삶이 결정된다. 잘못했다가는 짧은 인생, 죽은 뒤의 긴 영원이 '저주받은 시간'이 된다.

"불쾌하다. 누구 겁주는 거냐?"고 물으신다면 "그렇다!"고 대답하련다. 겁이라도 먹고 반드시 하나님을 믿지 않는 그릇된 길에서 탈피해야 한다는 것이다.

결국 성인씨는 친구 따라 강남, 아니 교회 나가서 구원받게 된다. 그야말로 영원히 제대로 된 '성공한 인생'을 갖게되는 것이다.

똑똑하다고 해서 이런 것을 깨닫지 못한다. 겸손한 마음으로 예수님, 하나님을 나의 구세주로 받아들여야 한다.

어쩜 친구도 전도를 포기해야겠다고 생각했었는지 모른다. 선택받지 못했다면 고구마 삶는 것처럼 익었나 안 익었나 아무리 찔러봐야 언제나 설 익어 있다. 또 선택받았더라도 임금님의 초대에 응하지 않은 사람처럼 즐거운 잔치가 벌어지는 동안 추운 바깥에서 떨며 피눈물을 흘려야 한다.

결국 이들은 전도에서 멀어지고 하나님의 긍휼하심에나 맡길 수밖에 없다.

이제 더 이상 그는 죽음이 두렵지 않다. 조금씩 밀려오는, 나이들어가며 오는 육체의 고통에서 어쩜 빨리 해방되어 눈물도 죽음도 없을 저 천국에서 제대로 자리잡아 살고 싶은 욕망도 조금씩 생긴다.

성인씨는 지금 자신있게 외친다.

"그럴 리는 없지만 죽은 뒤 그냥 다 끝나면 어때? 두려움 없이 노후를 즐기다 평안하게 눈 감는 것만으로도 축복인데. 지금의 나를 보면 얼마나 감사한가. 안 믿었으면 큰일 날 뻔했지."

어? 이게 아니네!

　지금 방 하나를 에어 비앤비 해서 짭짤한 수입을 올리고 있다. 얼마 전엔 수퍼 호스트까지 되어 에어 비앤비 유치자로서 잘 나가는 편이라고 할 수 있다.
　리뷰의 별점도 평균이 만점인 5점에 가까워 흐뭇해하고 있는데 한 가지 불만족스러운 것이 있었다.
　다른 카테고리들에 별 다섯 개를 주욱 주다가 청소 상태에 이르러선 별 4개로 떨어뜨리는 손님들이 제법 있었다.
　나름대로 손님용 거실, 방과 화장실, 목욕탕을 꼼꼼하게 살피며 머리카락 하나라도 안 떨어져 있나 꽤나 신경 쓰는데 참 이상한 일이었다.
　이유가 뭔가 궁금하던 차에 최근에 그 원인을 알게 되었다.
　바로 파리, 하루살이 등의 곤충이었다. 이것들이 하필 청소해 놓은 뒤에 손님 방이나 화장실, 욕실 바닥에서 죽어 있는 것이었다.

어느 땐 배큠 한 뒤 몇 시간 뒤에 보았더니 목욕통 안 허연 바닥 위에 수십 마리의 하루살이가 죽어있지 않는가.

약을 뿌리지도 않았는데 집단 자살인가? 참 신기한 일이었다. 어쩜 하루 살고 모두 동시에 깨끗하게 보이는 목욕통 위에서 장렬한 최후를 맞이했을지도 모르겠다.

또 화장실 변기 앞 타일 바닥 위에도 하루살이의 많은 사체들이 있었다.

유리창 밖으로 나가고 싶어 버벅거리던 파리들이 창틀 위에서 죽어있는 것이야 그렇다쳐도 왜 하루살이들이 특별히 이런 죽는 장소들을 택했는지 모를 일이다. 코끼리들이 자기들의 무덤에 가서 죽는다더니 이것도 비슷한 경우인가?

그 뒤로는 손님들이 들어오기 직전에 가능한 한 번 더 청소 점검을 한다. 이것으로 아마 별 덜 주는 게 줄어들 것이라 본다.

비교가 올바른지는 모르지만 많은 크리스찬들이 구원의 별 다섯 개를 받고 있다고 착각 내지는 오해하고 있는 것 같다.

예배 참석 가능한 열심히 하지, 헌금 나름대로 잘하지, 봉사도 하려고 노력하지, 전도도 늘 생각하고 있지.

이렇게 충분하다고 생각하다가 끝날에 가서는 "나는 너를 도무지 알지 못하노라." 란 주님의 청천벽력 같은 소리를 들을 수도 있다. 왜냐하면 마음이 없이 몸만 믿었기 때문이다. 자신이 잘 믿는다고 착각했지만 진작에 그렇지 않았음을 점검했어야 했다.

어느 목사님이 말했다.

"모든 비극은 오해에서부터 시작된다."

예를 들면 아담과 이브도 마귀의 꾀임에 넘어가 오해에서 비롯된 잘못된 행동으로 선악과를 따먹어 후손에게 고통스런 출발점을 안겨주었다.

자신이 기독교인이라 생각하는 전세계의 수많은 사람들이 교회에 나가지도 않으면서, 실상은 하나님도 잘 모르면서 자신이 언젠가 천국에 가리라는 막연한 희망을 가지고 있다. 그냥 믿고 있다고 생각하면 구원 받을 것이라는 자기 좋을대로의 낙관적인 생각들을 지니고 있다.

그러나 간혹 어, 이게 아닌데, 하면서도 더 깊이 따져보지를 않는다. 더 들어가면 왠지 모를 거북함, 마음의 평화를 깨는 불안감이 몰려오기 때문이다.

어떤 불안감이 들 때 일을 벌이면 십중팔구 실패한 경험이 있다. 작건 크건 꼭 어떤 사고를 저질렀던 것 같다. 그래서 '잘 되겠지, 되고 말거야.' 스스로에게 말하지만 애당초의 우려가 맞게 되는 것이다.

그래서 그 뒤 조금이라도 의심 가거나 망설여지는 일이 있으면 꼼꼼히 살펴보고, 문제점이 있다 싶으면 아예 시작을 하지 않거나 계획을 수정하게 되었다.

그 전엔 어떤 마음이 들건 대충 밀어붙이다가 몇 번 큰 사고를 저질렀었다. 사다리에서도 여러 번 떨어져 장애자가 되거나 죽을 뻔도 했고 어느 땐 응급차에 실려가기도 했었다.
불안하긴 했지만 괜찮겠지, 하다 뭘 쏟고 깨고 부수고 한 적이 꽤 되지 않았던가.

이미 시작했지만 일본은 원전 오염수 방류에 대해 지금이라도 다시 잘 살펴보아야 한다. 괜찮다. 괜찮겠지, 하다가 안 괜찮으면 큰 일이지 않는가.
교회의 핵심 사안인 구원에 관하여서도 많은 사람들이 즐겨 하는 '방언'에 대해서 의심해보아야 한다. 만에 하나 무슨 뜻인지도 모르는 채 주절거리는 '단순하며 반복적인 소리'들이 옛날 고린도 교회에서 벌어졌던 '예수는 저주 할 자'란 망발 같다면 큰 문제가 아닐 수 없다.
성령을 훼방하는 죄는 구원받을 수 없다고 하는데 만에 하나 악령의 속임수에 당한다면 완전히 그릇된 길로 간다.
"오래 기도할 수 있어 좋다."
"기도발이 잘 먹히는 것 같다."
"마음이 시원해진다."고 해서 계속 시행하다가는 큰 코 다칠 수 있으므로 극히 조심해야 한다.
전엔 '은퇴하면 얼마나 좋을까. 일에 대한 걱정없이 날아갈 것 같겠지.' 했었다.

그러나 정작 은퇴하고 나니 그게 아니었다. 바쁘지 않으니 따분했다. 그래서 이 일 저 일 집에서 만들어 하지만 힘이 부쳐 오래 하지 못한다. 일하자니 힘들고 놀자니 심심한 것이다.

그래서 여행들을 가나보다, 하고 어딜 가볼까도 생각했지만 웬만한덴 다 갔기에 딱히 갈 곳이 없었다. 게다가 기르는 고양이를 데려가기도 그렇고 누구에게 맡기기도 그랬다. 또 오래 전부터 에어 비앤비 예약해 놓은 손님들 때문에라도 안 될 것 같았다.

이렇게 지금 하는 생각이 뒤에 틀리는 경우가 많다. 지금 하나님을 부정한다면 다시 꼼꼼히 따져보라. '어? 그게 아니었네.' 하고 바뀔 수가 있다.

이 삶의 끝에서 성경을 지침서삼아 하나님을 잘 믿어 온 기독교인들은 "그러면 그렇지!"하며 흐뭇한 미소로 영원한 행복의 세계로 진입할 것이다.

온갖 생명의 신비와 우주에 대한 의문만 하더라도 어찌 신의 존재를 부정할 수 있단 말인가!

그렇다면 그건 아주 어리석거나 마귀의 훼방이 있다는 것이다.

거듭 말하지만 이런 걸 염두에 두고 고민해보아서 사후의 영원한 세계를 알차게 준비하는 슬기로운 사람이 되어야 하겠다.

인생 끝날에 "어? 이게 아니었네!" 하면 이미 늦었다. 살아생전에 깨달아 목숨을 걸고 하나님을 사랑해야 한다.

지금 행복하지 않다고 해서 실망하지 말자. 믿음이 깊어서 영생의 구원이 있다면 문제될 것이 없다. 그럴수록 하나님께 더욱 기도하며 마음을 다하고 생명을 다하여 삼위일체 하나님과 교회를 섬긴다면 그 힘든 시간들이 연단의 단계로서 아름다운 정금이 되어 나올 것이다.

지나놓고 보면 그것들이 얼마나 빨리 지나갔나 알게 될 것이다.

기독교를 비방하는 자들은 이런 것을 두고 현세의 어려움을 넘기기 위한 가스라이팅, 광신자 만들기, 사람을 모아 돈을 긁어대기 위한 술책 어쩌구 할지 모르지만 자기들 상당수가 마귀의 하수인으로 일하고 있음을 잊지 말아야 한다.

예수님의 얼굴

 어젯밤 꿈에 나는 많은 눈물을 흘렸다. 기독교인이라면 주님의 모습, 예수님의 얼굴을 닮아야 하는데 나는 그렇지 못하다는 자각에 통한의 눈물을 흘렸었다.
 꿈이 깨자 온유하고 모든 것을 참으며 모든 것을 믿는 예수님의 모습을 진정 닮아야겠다는 결심이 왔다.
 요즘들어 살면서 가끔씩 오는 믿음의 슬럼프 기간인 듯 신앙과 관계된 모든 것이 맨송맨송하고 열의가 식은 듯했었다. 과거엔 이런 때 교회 나가기도 싫었고 기도는 멈추었었다. 하나님을 믿는다는 표식은 '식사기도' 정도라고 할까.
 그러다가도 시간의 문제이지 항상 회복됐었기에 별 걱정은 들지 않았었다.
 그러나 이제는 억지로라도 빨리 뜨거운 열정을 불어넣어야겠다는 염려가 들 즈음에 그런 꿈을 꾸었던 것이다.

왜냐하면 슬럼프는 마귀의 훼방일지 모르기에 빨리 믿음의 제자리로 돌아와야 한다는 우려에서다. 길어지다가 자칫 하나님과 멀어진다면 인생과 내세 최대의 불행이기 때문이다.

하나님을 잘 믿다가 믿기지 않을 정도로 돌아선 사람들도 꽤 있지 않는가. 그러므로 이런 위기일땐 아주 열심히 주님과 가까워지도록 애써야 한다. 항상 기뻐하고 쉬지 말고 기도하며 범사에 감사하도록 마음과 성품과 힘을 다하여 하나님 여호와를 사랑해야 한다.

교회 가기 싫더라도 꼭 가서 은혜를 구하도록 애써야 한다. 학교 가기 싫다고 안 가면 어찌 되겠는가. 하물며 학교도 이런데 영원한 생명이 걸려있는 교회 예배 참석은 목숨을 걸고라도 이루어야 한다.

이런 갈등에 빠지는 기독교인들의 고백을 제법 들어온 바 '악은 모양이라도 버리라.'하는 말씀처럼 마귀의 훼방일지 모르는 이 '망령된 것'에서 빨리 벗어나야 한다.

믿지 않는 사람들 중 많은 수가 하나님이 계시다면 왜 세상이 이 모양이냐고 자기들이 교회 안 나가는 이유로 나름 제법 그럴 듯한 핑계를 댄다. 교회 나가는 교인들도 대다수가 이런 말에 '꿀 먹은 멍청이'처럼 말문을 닫는다.

나는 묻고 싶다.

"당신들은 이 우주를 창조하시고 죽은 사람을 살리실 수도 있는 하나님을 진정 믿느냐. 인간의 그릇된 판단으로 그런 놀라움을 모두 알 수는 없듯이 하나님을 진정 믿고 사랑하지 않으면 결코 그런 것을 알 수가 없다.

인간의 제한된 지식이나 지혜로 멋대로 평가하는 건 맘대로다. 그러나 그에 대한 책임은 언젠가 반드시 지게 될 것이다."

또 이렇게들 말한다. 성경에서도 언급되는 의문이다.

'악인들은 왜 오래 살고 형통하며 부유한가?'

영원히 잘 살 수 있었는데 아담과 이브의 죄로 에덴동산에서 추방되면서 죽음이 왔고, 노아의 홍수 이후로 수명이 더 줄게 되었다. 내가 생각해도 그건 다행인 듯싶다. 기껏 창조했더니 하나님 대신 온갖 잡신과 우상을 숭배하며 죄에 빠진 인간들을 어떻게 아주 오래 보실 수 있겠는가. 인간이시라면 홧병 나서 곧 돌아가실 것 같다.

선택된 민족인 유대인들도 지겹게 말 안 듣는데, 그렇다고 강제로 말 잘 듣게 할 수도 없고. 참 하나님의 그 아픈 심정이 이해 안 갈 수가 없다.

대신 영원히 행복할 수 있는 미래로 아주 일부만 선택되고 나머지는 어떻게 될지 불분명하다. 아마 아주 악한 마귀의 하수인들은 지옥불 같은 고통 속에, 보통의 불신자들은 별로 즐겁지 않은 지옥에 떨어질 것이다.

어차피 영원히 불행할 인간들 짧은 삶이라도 즐겨라, 하거나 불쌍하게 보아 그냥 사는 대로 내버려 두는 것일 수도 있다.

한편, 다 하나님을 잘 믿는다면 어찌 되겠는가. 악도 거의 없어 사회는 평화로워 한밤중에 으슥한 곳을 걸어도 두려움이 없겠지만 지금 같은 직업군, 문화생활, 과학 문명도 없을 것이다.

사람에게 잘 살고 싶은 욕망과 욕심이 없다면 곧 끝날 인생 이렇게 기를 쓰고 악착같이 살지는 않을 것이다.

병들어 고생하거나 애들 교육이나 층간소음으로 스트레스 받고 있을 수도 있다. 또는 돈 벌려고 죽을둥 살둥 하거나 직업을 못구해 가족의 따가운 눈총을 받고 있다면 얼른 죽어 영원히 행복한 하늘로 올라가고 싶어하지 않겠는가.

물론 전쟁도 없지만 발전도 없어 어느 기독교 공동체처럼 원시생활 비슷하게 살게 될 것이다.

스마트폰도 없고 티브이도 기독교적으로 밋밋한 내용만 방영되고 살인이나 전쟁을 소재로한 영화도 없이 그저 오직 은혜만 부르짖을 것이다.

기타를 부수거나 악을 쓰며 노래 부르는 가수, 혹은 반쯤 벗고 춤추는 걸그룹도 없이 잔잔한 기독교 음악만 라디오를 통해 흘러나올 것 같다.

실상 기독교인들은 불신자들 덕분에 현대의 편리하고 발달된 문명 속에서 익사이팅하게 살고 있지 않는가.

발달되지 않은 평안한 삶을 갈망하는 하나님의 사람들에겐 원하지 않는 것들이겠지만.

어쨌든 하나님께선 꽤 괜찮아보이는 인간들은 어떻게든 구원하시어 함께 오래오래 지내고 싶어 하실 것이다.

당신이 하나님이라면 당연히 그렇게 안 하겠는가? 교회 다니면서도 믿음도 없고 하는 짓마다 밉상이면 과연 그런 사람을 영원히 곁에 두고 행복하게 만들고 싶겠는가?

모두들 명심해야 한다. 주여주여 하는 자마다 다 천국 가는 게 아니다. 천국 가는 사람들이 드물어서 가게 되면 뿌듯함과 감사가 넘쳐날 것이다.

주님을 제대로 알고, 모이기에 힘쓰며 내게 있는 모든 것을 바침은 물론 주님 사랑에 더욱 힘써야 할 것이다.

이보다 더 나쁠 순 없다

 이 세상 지식은 잘 모른다 해도 대체로 큰 타격은 안 받지만 하나님을 모르는 무지는 영원히 그 삶에 걸맞는 어떤 고통을 받을 것이다.
 왜냐하면 하나님께서 이 세상을, 인간을 창조하신 이유가 영광과 찬양을 받기 위해서인데 멋대로 살며 모른 채 한다면 매우 실망하시지 않겠는가.
 그렇다고 다 로보트처럼 만들어 고개를 까딱거리며 시키는 대로 살게 할 수는 없는 일, 개중에 얼마라도 건지고자 하는 노력을 기울이셨다.
 그것은 바로 노아와 아브라함과 모세와 여러 선지자들과 예수님의 열 두 제자 그리고 하나님을 사랑하는 이방인 등으로 이어졌다.
 물론 예수를 배반한 가롯 유다는 제외된다. 얼마나 큰 자유의지를 주셨으면 늘 붙어서 따라다니던 제자가 예수님을 팔기까지 했겠는가.

그간 하나님께선 우주의 광활함과 생명체들의 신비로운 탄생과 삶, 자연의 경이로움 등의 장치를 통해 자신의 존재를 알리려고 나름대로 무던히 애쓰셨다.

성경도 그 신비로움을 푸는 열쇠 중의 열쇠다.

그런데 수많은 인간들은 진화니 빅뱅이니 엉뚱한 소리들을 해가며 이 세상에서 하나님의 창조의 흔적들을 지우려 애쓰고 있으니 어찌 통탄하지 않으시겠는가.

아무리 마귀가 사주한다지만 조금만이라도 하나님의 비밀의 문을 열려고 애쓴다면 성령님의 도우심으로 은혜의 보고를 발견하게 될 것이다. 그것은 생명의 문이요, 영원히 목마르지 않는 생수를 얻는 귀한 기회인 것이다.

혹자는 말할 것이다

"하나님이 계시다면 왜 이런 악한 마귀나 영들을 없애지 않으시는가?"

구약성경 '욥기'에서 보았듯이 시험을 이긴 올바른 '하나님의 자녀'들을 뽑기 위한 방편이다.

이것이 아니라면 무엇으로 천국에 들일 시민들을 선별한단 말인가.

이렇게 질문해서?

"당신은 사랑받기 위해 태어난 사람인가?"

"하나님을 잘 믿고 사랑하는가?"

"예수님의 십자가 보혈로 회개하고 천국의 시민이 되겠는가?"

대부분의 사람들은 모두 입만 살아서 그렇다,며 고개를 끄덕일 것이다.

이런 사람들이 모두 천국에 간다면 '개판'이 따로 없을 것이다. 그렇다고 천국에서 지옥으로 쫓아낸다?

참 힘든 상황이 아닐 수 없다. 그래서 애초에 진짜 시험다운 시험을 치르게 해 통과하는 자들만 천국 입성이 가능하게 한다고 여겨진다.

이 세상은 바울 선생 말마따나 혈과 육의 씨름이 아니라 영적인 싸움이다.

늘 영적 전쟁을 치르며 하나님의 병사가 되어 보이지 않는 악한 세력과 싸워 이겨야 한다.

목숨보다 중요한 게 하나님과의 좋은 관계이다. 그럴 때 우린 영적 싸움에서 승리할 수 있다.

그렇다면 마귀 등 악한 영들은 어떻게 될까?

우리가 걱정할 필요는 없다. 나중에 다 처리된다고 성경에 씌여있다.

나는 거의 죽다 살아났던 뇌졸중이 안 왔으면 큰일날 뻔했다. 예수를 안 믿는 사람들은 이게 무슨 "귀신 씨나락 까먹는 소리냐?" 하겠지만 진실을 말하자면 백번 말해도 "그렇다!"

솔직히 처음 얼마간은 너무 힘들어 이런 하나님의 은혜를 알아챌 여유가 없었다. 하지만 조금씩 회복되며 믿음이 제대로 잡혀갔고 뇌졸중 전의 삶과 후로 확연하게 갈라지게 되었다.

그 전의 삶은 모태신앙으로 그럭저럭 믿던, 천국에서 받을 상급이 별로 없을 것 같던 믿음 생활이었지만 후의 삶은 올바른 믿음에 대해 점차 알고 체험하며 '거듭 태어난다는 게 이런 것이구나!' 깨닫게 되었으니 어찌 감사하지 않을 수가 있겠는가.

만약에 내게 뇌졸중이 오지 않았다면 실로 이보다 더 나쁠 순 없었을 것이다.

기독교인들은 '천국'이 '본향'이라고 한다. 즉 '원래의 고향'이다. 하나님의 자녀가 되므로써 '천국 백성'이 되고 고향이 천국으로 바뀌는 것이다. 그래서 죽어서 육신은 땅 속에서 흙으로 변하지만 영혼은 본향인 천국으로 가는 것이다.

사탄은 이 땅에서 사는 게 전부 다,라고 여기게 만든다.

'개똥밭에 굴러도 이승이 좋다.' 란 말이 있다. 또 '오늘 내가 보낸 하루는 어제 죽은 이가 간절히 바라던 내일이다.'란 말도 떠돈다. 그럴 듯하게 들리지만 다 이 땅이 모두라고 생각하는 세상 사람들의 말이다. 그저 이 땅에서 부귀영화를 누리다 건강하고 행복하게 오래 사는 것을 최고로 여기는 일반 불신자들의 얘기다.

이 세상과 비교할 수 없을 정도로 멋지고 행복한 천국으로 간다면 참 크리스찬은 죽음을 두려워하지 말아야 하겠다. 그리 쉽지는 않겠지만.

  S자매는 크리스마스 얼마 전에 교회에 왔다. 믿음이 없지만 청년들의 호주교회와의 연합 예배에 워십댄스 공연 연습 강사로서 초빙되어 왔다.
  그래서 몇 주 동안 교회 예배에 참석하며 함께 열심히 연습했다. 그리고 크리스마스 전날 주일예배 때 성공적인 워십댄스를 선보였다.
  그리고 얼마뒤 다시 교회에 나와 앵콜 공연을 하게 되어 무척 반가웠다. 그간 몇 주 안 보였기에 교회에 다닐 마음이 없나보다 하고 안타까워 했던 것이다.
  앞으로 그 자매가 다시 교회에 나올른지 안 나올른지는 잘 모르겠다. 그러나 그녀가 바라는 어떤 '꿈'을 실현하려면 꼭 교회에 나와야 한다.
  그 꿈은 이렇다.
  "제게 로망이 하나 있는데, 결혼할 남편과 같이 길을 걷다가 음악소리가 들리면 어디서건 함께 춤을 추는 거예요."
  이런 모습은 이 지상이 아닌 영화 속에서나 존재한다. 아니면 천국에서나 존재할 것이다. 지옥에서는 절대적으로 아니리라 본다. 그녀가 꿈을 이루기 위해선 반드시 천국에 가야만 한다. 아무나 붙잡고 춤을 추는 한이 있더라도.

아무튼지, 한 가지 그 자매를 보고 느끼는 것은 얼굴이 처음 교회에 올 때보다 많이 편해보이고 아름다워졌다는 사실이다. 그래서 이게 혹시 '선택' 받은 사람의 특징이 아닌가, 생각마저 들었다.

아무튼 그 자매가 교회에 계속 나오며 예수를 믿게 된다면 잭 니콜슨 주연의 영화 제목처럼 '이보다 더 좋을 순 없다'가 되겠지만 아니라면 '이보다 더 나쁠 순 없다'가 되리라고 나는 확신한다.

이상과 현실

 일주일이 다 되었는데 공작새가 오지 않고 있다. 전엔 거의 매일 왔었는데 이상한 일이다. 아내가 말한다.
 "아마 뽕나무 열매를 다 따먹어서 그런가 봐요."
 공작새를 보면 좋기도 하겠지만 사실 오지 않기를 바라고 있다. 사방에 똥싸고 돌아다니는 것을 더이상 참을 인내심이 없다고나 할까.
 더군다나 뽕나무 열매 오디가 많이 열려서 기뻐했었는데 언제부터인가 아랫쪽 열매들이 다 없어지기 시작해 이상하다 싶었다. 가만 보니 그 새가 열매를 따먹는 것이 아닌가.
 처음엔 공작새가 뒤뜰에 나타나자 신기하고도 좋았었다. 그래서 활동하고 있는 퀸즐랜드 문학회 카톡방에 사진과 글 몇 마디를 올렸더니 저마다의 반응이 꽤 괜찮았다.
 "우와 공작새가 우연히… 집에 대단한 복이 함께 굴러 온것이 분명한…"

"와우!"

내가 답했다.

"그런데 바닥과 테이블 위까지 실례를 해서 부득불 잔디 위로 가라고 쫓아낼 수밖에… 이상과 현실 차이 같습니다."

또 누가 답했다.

"잔디에다 하면 좋을 텐데요.ㅜㅜ

이상과 현실은 늘 멀더라구요.ㅎㅎ."

바닥과 테이블 위까지 실례를 한다는 말에 킥킥거리는 이모티콘을 보내기도 하고 연신 길조라는 반응이 올라왔다.

"야생 공작새가 집에까지 오다니 길조입니다."

"와! 귀한 광경 입니다. 두 분 가정에 행운을 가지고 온 것 같습니다."

그 뒤 길조고 뭐고 여기저기 똥 치우다 지쳐서 포기하고 푸념을 올렸다.

"쫓아내도 자꾸 옵니다. 복을 억지로라도 주려는 것인가?"

이랬더니 누가 또 다음과 같이 올렸다.

"맞습니다. 억지로라도. 손성훈님 댁에 그리고 우리 문학회 VIP님들께…"

문학회에도 VIP가 있었나 모르겠지만 매일매일 공작새가 나타나지 않나 앞뜰 뒤뜰 사방을 살피며 보이면 쫓아내기 바빴다. 그런데도 요리조리 피하며 좀처럼 도망가지 않는다. 물 대포도 쏴보고(가정집 호스라 약하기 그지없음) 나뭇가지도 던졌지만 별 효과가 없었다. 활을 만들어 화살을 쏴볼까도 했지만 누가 보고 신고하면 동물 학대죄로 감방가기 싶상이다. 또 그러기엔 너무 아름다운 새였다.

숫놈인데 아직 새끼에 속하는지 날개를 펴려고 시도했지만 반쯤밖에 펴지를 못했다.

이러면서도 "간택 당하셨네요.·· 다음달 모임할 때 혹 볼수 있을까요?"에 한편 계속 나타가기를 바라기도 했었다.

그 뒤 계속 어슬렁거린다고 사진 찍어 올렸더니 "가족으로 받아 주세요:)" 하기도 하고 "먹이 주시면서 잡아두십시오. 그러면 집에 눌러앉아 살것 같습니다." 했다.

다들 몰라서 그렇지 키워보면 생각들이 달라질 것이다. 바깥 바베큐장 식탁 위에 계속 똥을 싸 신문지로 덮고 바람에 날리지 않게 각목들을 올려놓았다. 그제서야 똥싸기를 멈추었는데 그럼에도 불구하고 매일 아침 그 식탁부터 무사한가 확인하는 습관이 생겼다.

공작새를 키우고 싶은 것은 이상일뿐이지 현실적은 되지 못했다.

사방에 싸놓는 똥을 접해본다면 그들은 침묵할 수밖에 없을 것이다.

개나 고양이를 수십 마리 키우면서 그 뒤치닥거리와 배설물들을 아무 불평없이 치우는 진정한 매니아들은 아마 견딜 수 있을지 모르겠다. 그들은 보통 사람들이 아니기 때문에 일단 제쳐두기로 하자.

하루는 성경 공부 하러 온 교인이 마침 나타난 공작을 보고 놀라는 표정을 지었다. 내가 푸념처럼 말했다.

"저 새는 쫓아내도 또 오네요."

"예쁜데 키우시지 그래요?"

"사방에 똥을 싸서 그렇지요."

"잡아서 묶어놓으세요."

"???"

더이상 할 말이 없었다. 자연 속의 삶을 만끽하는 새의 자유를 박탈할 권리가 내게 있단 말인가?

어릴 적부터 좋아하던 '삼립 크림빵'이 있었다. 그 추억의 맛으로 수퍼마켓에서 드물게 나오는 단 크림빵을 사다 먹는다. 나는 요즘처럼 단 크림에서(아마도 건강에 안 좋다해서) 바뀐 거의 안 달아 밍밍한 생크림은 싫고 옛날 스타일의 단 크림이 더 좋다. 하도 자주 먹으니까 아내가 말한다.

"그러다 당뇨 걸리면 어쩌려고 그래요?"

"당뇨 진단 받을 때까진 마음 편하게 먹어야지.", 라고 했지만 그런 빵을 먹어서인지 배가 자꾸 나왔다. 그렇다고 끊기는 참 힘들다. 사실 지금도 그 단 크림빵을 한 개 반 먹고나서 이 글을 쓰고 있다.

뇌졸중으로 쓰러진 뒤 병원에 있는 동안 몸무게가 많이 빠졌었다. 작아서 못 입고 있던 바지들이 여유롭게 입혀져 참 좋았었다. 그런데 지금 그 바지들이 점점 빡빡해져 입기가 힘들어진다. 점차 안 맞아가는 바지를 입기 위해서라도 빵을 끊어야 한다.

이렇게 이상은 단 크림빵이지만 현실은 바지가 안 맞거나 당뇨병에 대한 불안감이 있는 것이다.

이 외에도 여러 경험담과 비유가 있으나 긴글을 읽기 싫어하는 독자들을 위해 이만 생략해야겠다.

어쨌거나 늘 이상과 현실 사이에서 고민할 때가 많았던 것 같다. 이상을 좇다가 현실에 부딪혀 좌절하는 것이다.

'성공은 실패의 아들.'이라는 말도 있다. 그 이상을 위하여 때론 수 백, 수 천 번 실패한 뒤에 가지는 성공이다. 그래서 성공한 사람들은 역사책에 이름을 남기게 된다.

나도 통 무서워하지 않고 공작새를 반겨봐?

평소에 공작새를 기르고 싶다는 이상을 가졌었다면 모르지만 그렇지 않고서야 동물원에 가서 싫컷 봐!, 하는 내면의 소리가 들린다.

저녁밥도 못 먹고 죽은 개미들

 언뜻 보니 개미들이 집 외벽을 뚫고 있었다. 무슨 공사인가, 자세히 눈길을 주니 돌벽 사이사이 공기 통하라고 낸 듯싶은 동그란 구멍 앞에 흙이 제법 많이 쌓여 있었다. 물론 들락거리는 개미들은 꽤 되었고.

 전에 살던 집에서는 이미 집 안까지 침범한 개미떼들로 곤욕을 치른 적이 여러 번 있었다. 바닥 위에 쌓인 흙더미를 쓸어내며 개미들의 침입에 경각심을 가지지 않을 수 없었다.

 여태까지는 문 밖에서 어슬렁 거리거나 집 안에 염탐하러 들어오는 개미들을 그냥 봐주거나 살려보냈었는데 이젠 더이상 그것들을 곱게 놓아줄 수가 없었다. 말하자면 '개미와의 전쟁'이 시작된 셈이다.

 매주 몇 개씩의 개미 죽이는 스프레이가 쇼핑 목록에 추가되었다.

하루는 아침에 아내가 벌건 눈으로 푸념을 했다.
"밤에 두꺼비 우는 소리 땜에 자꾸 잠이 깨요."
두꺼비가 어떻게 울더라?, 바로 살펴보니 꺼비 한 마리가 수영장 오물 채집용 바구니 안에 떡하니 자리 잡고 있었다. 아마 짝을 찾거나 친구들과 놀려고 밤마다 시끄럽게 고성방가를 했나싶었다.
이런 경우 전엔 항상 근처 개울이나 연못 속에 살포시 넣어 주었었다. 그런데 그것들이 다시 돌아왔는지 수영장 물속에서 '개구리 헤엄'을 치고 있는 두꺼비들을 심심치않게 보게 된 것이다.
그때부터 그것들과의 혈투 또한 시작되었던 바 아침밥도 못 먹고 죽는 두꺼비들이 속출했다. 덤으로 눈에 띄는 개구리들조차 가차없이 처단되었다.
한편, 이렇게 살겠다고 발버둥치는 미물들을 잡아 죽여도 되는가, 불쌍하기도 했다. 자기들이 무슨 해를 끼치는 지 전혀 모르고 본능대로 사는 것 아닌가. 혹시 가족이나 동료 등이 있다면 살아남는 그것들이 슬퍼하진 않을까, 무서운 살충제에 공격 당하고 무지막지한 발에 짓밟히다 운좋게 생존해도 남은 삶을 장애로 살면 얼마나 괴로울까, 별 생각이 다 들었다. 그것들은 죽는 마지막 순간까지 꿈틀거리지 않았던가.
파리나 두꺼비뿐 아니라 모든 동물들과 사이좋게 지내면 얼마나 좋을까, 이런 꿈 같은 상상이 깊어갈즈음 파리와 관련된 심각한 일이 발생한다.

시골에 속해서 더 그런지 여름철 더운 날이면 파리들이 부엌에서 잔치를 벌였다. 그래서 파리 사냥이 일상화되었는데, 그날도 냄새 좋은 김치찌개는 그것들을 마구 유혹했다.

공중에 날아다니는 파리를 잘 잡기 위해선 파리채를 휘두르는 속도가 중요하다. 그래서 나름대로 새로운 방식으로 끊어치듯 속도를 높여 비교적 짧은 시간 안에 파리들을 전멸시킬 수 있었다.

그러나 흐뭇한 것도 잠깐, 그날 밤부터 팔이 쑤시기 시작했다. 곧 낫겠지, 대수롭지 않게 생각하며 염증 치료제와 진통제를 몇 주 먹었지만 통증은 더 심해갔다. 할 수없이 의사를 찾아가 울트라 사운드를 받은 결과 그는 어깨의 힘줄 일부가 찢어졌다며 안타까운 표정을 지었다.

그래서 스테로이드 주사 맞기를 기다리고 있는데, 이런 의문이 들었다.

'불교에선 살생을 금하라고 하는데 신자들은 이런 경우 어떻게 할까?'

아마 개개인의 판단에 따라 다르리라 보았다. 당장 내가, 또는 우리가 피해를 보는데 그것을 막아야 할 정당성이 있지 않을까.

성경 구약에도 이집트에서 도망친 유대인들이 가나안에 들어가며 수많은 토박이들을 죽인다. 그것을 두고 여러 기독교인들은 '사랑의 하나님'이신데 왜 그러셨을까, 좋지 않은 감정을 가지기도 한다. 또 교회 안 다니는 사람들의 핑계거리가 되기도 한다.

"그렇게 잔인한 하나님의 종교를 믿기엔 나는 너무 여려."

나이드신 어머니가 틈만나면 하시는 말씀이 있다.
"조심해, 늘 조심해."

환갑 넘은 아들에게 길 건널 때 조심하라는 어머니가 있다더니 바로 우리 어머니시구나, 오랫동안 무시하듯 했었는데 이젠 그 말씀이 가슴 깊숙이 새겨진다.

조심하지 않아 여러 번 사다리에서 떨어져서 뇌진탕이 올 뻔도 했고 다리가 찢어져 응급차에 실려도 갔었다. 그런데 운이 좋아, 실로 하나님의 은혜로 치명적이진 않았다. 이 '파리채 사건'도 전혀 예상하지 못한 일이었던 바 나이 들수록 더욱 매사에 조심해야겠다는 자각이 온다.

근처에 얼씬거리는, 피해 가능 동물들을 잡아 죽이다보니 그간 시원한 해답이 없던 '가나안 입성 학살 사건'의 가닥이 잡힌다.

하나님은 인간들이 늘 자신에게 감사해 하며 살기를 원하신다. 그런데 그 창조 목적을 모르거나 무시하는 인간들이 점점 많아지면서 기분이 무척 나빠지신다.

가나안 인들은 거의 다 이런 족속들이다. 기생 라합처럼 지혜롭게 처신하여 예수님의 조상이 된 여자도 있지만 대다수가 그렇지를 못하다.

느끼는 것을 차마 글로 쓸 수가 없다. 성경에 정확히 기록되지 않은 것으로 공연한 반발이 날까 해서다. 여러분도 가급적 추측해보시기 바란다. 그렇게 화나도록 말 안듣는 이스라엘인들을 왜 그렇게 지나치도록 편애하셨는지.

*후기: 아침에 보니 쓰레기통에서부터 나온 구더기들이 벌벌거리며 부엌 온 바닥을 점령하고 있었다. 구더기를 애완용으로 기르지 않는 다음에야 끔찍한 일이 아닐 수 없었다.

벌써 몇 번째인가, 당장 쓰레기통을 작은 것으로 바꾸고 매일 저녁 쓰레기를 바깥에 버리기로 하였다. 이래도 '파리가 먹어야 얼마나 먹는다고.' 하며 파리를 옹호하는 사람이 있을까?

지구에서의 마지막 밤

　이 글은 공상 과학 소설에 관한 얘기가 아니다. 우리들의 인생 끝날에 추구해야할 필수 사항이다.
　살면서 가까웠던 사람들 중 죽은 다음에 다시 볼 수 있는 사람들은 내가 갈 천국에서 만날 사람들 뿐이다.
　그들 중 상당수가 하나님이나 예수님을 믿지 않는다. 그렇기에 아무리 이 땅에서 착하고 성실하게 산다 해도 결코 천국에는 갈 수 없다고 생각한다.
　그것은 당연하다. 이 우주와 인간을 창조한 창조주가 자신을 사랑하지도 않고 믿지도 않을 뿐더러 찬양하지도 않는 사람들을 어떻게 영원히 가까이 두고 볼 수 있겠는가. 그래서 천국과 지옥, 이 두 군데를 만들어놓고 끊임없이 우리에게 호소하고 계신 것이다.
　'제발 좀 생각해봐라, 어떻게 이 모든 것이 우연히 생길 수

있겠냐.'

집마다 지은이가 있듯이 지구를 포함한 이 우주도 반드시 창조한 이가 계신 것이다. 그것을 느끼고 알아차리길 그렇게 바라시는데 불행히 지구 대다수의 인간들은 창조자의 존재를 부정하거나 부정하고 싶어한다.

예수님 전에 태어났으며 하나님도 모르는 옛사람들이 있다. 그중에 착하고 성실하게 산 사람들은 지옥에는 가지만 불구덩이 같은 곳에서 고통당하지는 않을 것이란 생각이 든다. 지옥에도 천국처럼 급수가 있어서 불못이나 구더기가 우글거리는 구덩이도 있고 비교적 괜찮은 지옥의 상등석과 같은, 천국과의 경계쯤에 해당하는 곳, 음부라고도 불리던 임시 거주지 같은 곳에 갈지도 모르겠다. 아기나 아이들, 하나님이나 예수님을 전혀 모르고 죽는 사람들을 위한 어떤 구제책이 있을 것만 같다.

그런 곳은 분위기가 후진국의 가난한 사람들의 생활 터전쯤 되지 않을까.

그러나 하나님이나 예수님에 대한 정보를 몰랐더라도 생각이 있는 사람이라면 신비로운 자연 만물과 자신을 보며 어떤 창조자의 존재를 느낄 것이다. 에녹은 하나님과 가까운 관계일 정도가 되어 죽음을 맛보지 않고 하늘로 올라갔으며 노아는 당대의 의인이었기에 대홍수에서 인류가 멸절되었지만 다른 일곱 식구와 함께 살아남았다. 아브라함 역시 창조자의 존재를 믿고 교통하고 있었기에 자신과 후손이 선민이 되었던 것이다.

아무튼 자신이 착하게 살면 되지 않느냐,고 생각하는 사람들은 죽음 뒤의 영원한 세계에 대해 모르니만큼 착실하게 그때를 대비해서 살아야 한다. 영원에 비해 점 찍는 것도 안되는 이 짧은 인생도 정말 발버둥치며 별짓을 다하고 사는데 영원한 것에 대한 준비를 전혀 안 하는 것은 실로 지혜롭지 못한 것이다.

그런 사람들이 이 글을 읽고 좀 깊이 생각하고 기도해서 믿음을 갖기를 바랄 뿐이다. 만에 하나 이 글이 틀렸더라도 하나님을 믿는다면 오는 이점이 너무 많아 다 열거할 수가 없다. 직접 경험해보시기 바란다. 대표적인 것이 지구에서의 마지막 밤을 편히 보낼 수 있다는 것이다. 그게 어디인가, 죽기싫어 발버둥치는 것보다야 백번 낫지 않겠는가.

창조자에 대한 긍정적인 마음으로 겸손하고 솔직한 심정으로 기도한다면 성령님이 그의 마음을 움직여 창조자의 존재를 인정하게 만들 것이다.

하나님은 강압적으로 자신을 믿게 만드는 게 아니라 스스로 찾아서 다가오기를 기다리신다. 즉 '자유의지'란 꼭 필요한, 그러나 자칫 개인에게 영원히 불행한 일일 수도 있는 상태로 인간을 창조하셨다. 그야말로 찾아야 찾는 것이고 두드려야 문이 열리는 것이다. 감나무 아래서 감 떨어지기를 기다려선 안 된다. 천국은 때로 도전적으로 쟁취해야 하는 것이다.

복음의 선구자 사도 바울도 기독교인들을 핍박하던 사울에서 뚝딱 예수를 믿고 전파하는 바울로 변화된 것이 아니라 평소 많은 고민과 회의가 있었을 것이다. 그래서 그는 예수를 알리던 스데반을 바리새인들이 돌로 쳐죽일 때 합세하지 않고 묵묵히 옷을 맡는 역할만 했을 성싶다.

하나님은 그의 중심을 보시고 다마스커스로 기독교인을 핍박하러 마지못해 가던 바울을 예수님의 직접적인 임재를 통해 변화시켰으리라 본다. 또한 그 당시에 바울만한 인재가 없었기에 그가 기용되었고 그는 기독교 역사에 큰 획을 긋는 인물이 되었다. 정말 받은 은혜가 족했던 것이다.

예수님의 우편에 있던 강도는 졸지에 예수님과 함께 낙원에 가게 되었다. 성경에는 안 씌여 있지만 그는 강도짓한 어떤 불가피한 사연이 있으리라 본다. 그는 강도짓만 빼면 꽤 괜찮은 사람일 것이다. 그러니까 다른 강도가 예수님을 비방할 때 오히려 두둔해서 구원받게 된 것이다. 즉 그는 이미 구원되기로 선택받았기에 이게 가능했던 것이다.

지금 하나님을 믿지 않지만 분명히 선택받은 사람들도 있을 것이다. 기독교인들은 그런 사람들을 찾아 확실하게 구원의 길에 들어서게 해야 한다. 그것은 의무이며 하늘의 상급을 쌓는 일이기도 하다.

하늘의 상급에 대해 겸손한 척, 아니면 일부러 외면하는 척 하기도 하지만 올림픽 나가는 선수가 어찌 메달의 꿈을 꾸지 않겠는가. 바라지 않고 참여하는 선수는 그 누구도 좋아하지 않는다. 맥빠지게 하는 경기에 다 맥이 풀려버릴 것이다. 일 이 년도 아니고 심지어 우리의 영원이 걸려 있기에 온 힘을 다해 받을 상급을 추구해야 할 것이다.

나이가 많지만 무슨 공부를 하거나 기술을 배우는 사람들이 가끔씩 화제가 된다. 나도 이들을 따스한 눈으로 바라본다. 지구에서 가졌던 직업 등이 영원한 천국에서의 일거리가 될줄 어찌 알겠는가. 천국에서 아무 일 없이 예배나 드리며 하나님 찬양이나 하고 있으리라 보지 않는다. 정말 '심심한 천국'이 되면 어쩌겠는가. 누구던 반드시 어떤 맡은 일들을 하며 매일 매 순간 보람있게 영원을 때워나갈 것이다. 그러기에 나이 들어서라도 천국에서의 영원한 삶을 준비해서 가는 게 정답일 것이다. 천국에서 배우면 되지, 하다가 만약에 천국에 그런 학원이나 학교가 없다면 좋아하는 일을 영원히 못하는 낭패를 볼 수 있다.

결론적으로 이 짧은 인생에 목맬 필요는 없다. 최선을 다해 하나님과 이웃 사랑을 하며 천국에 갈 준비를 해야 한다. 어릴 적 소풍 가기 전의 설레는 마음처럼 기쁨으로 지구에서의 마지막 밤을 보내야 한다.

잘먹고 잘살던, 그렇지 못하든지 늘 감사하고 기뻐하며, 또 기도하며 살자. 세계의 가난한 나라 중에서도 가난한 사람들이 의외로 웃으며 행복하게 산다. 그들의 종교적 영향도 있겠지만 천국의 영원한 확신이 있다면 그 이상으로 행복하게 살 수 있다. 누구의 시처럼 이 땅은 아주 잠시 다녀가는 소풍일뿐이다. 곧 지나갈 터이니 영원한 삶에 더 큰 비중을 두고 살자.

뇌졸중으로 사흘 동안 무의식 상태에 있다가 깨어나자 어느 분이 묻는다. 천국이나 지옥에 갔다 왔냐고.
솔직히 아무런 자각도 없었고 꿈조차 꾸지 않았다. 믿거나 말거나 그 이유는, 미리 알면 재미 없을까봐, 또는 확실히 그 존재를 믿고 있으므로 새삼 보여주시지 않았다고 생각한다.
뇌졸중 이후 신앙이 좀 나아진 것 같아 오히려 뇌졸중에 감사드리며, 의사들을 위시해 여러 사람들이 기적처럼 살았다고 놀라워할 만큼 생명이 연장된 것에 대해 나는 자신있게 말한다.
"하늘의 상급을 제대로 쌓고 오라는 하나님의 은혜입니다. 천국 문턱에서 간신히 넘어갔다면 누구 말마따나 개털모자 쓰고 영원히 후회했을 겁니다."
어느 밭에 감추인 보화를 사기 위해 자기의 소유를 다 팔아 그걸 산다는 예수님의 비유처럼 우리는 천국을 사기 위해 이 땅에서 헐벗고 굶주림뿐 아니라 더한 고통이라도 참을줄 알아야 한다. 바울처럼 영원히 행복한 삶을 위해 극히 짧은 이 세상의 부귀영화 등 모든 것을 배설물로 여길 줄도 알아야 한다. 말하자면 이 땅에서의 삶을 망치더라도 천국을 얻을 수 있다면 대성공인 셈이다.

혹시 교회는 안 가도 예수를 믿는다는 분들에게 한마디 한다면, 천국은 예수 믿는 사람들의 공동체다. 교회는 천국의 이 땅에서의 모형이다. 교회라는, 성도의 교제라는 공동체 생활을 통해서 영원한 천국의 실질적 삶을 체험하는 것이다.

학교에 다니지 않고 공부를 해서 바라던 일을 할 수도 있겠지만, 그것은 더 힘들고 잘못 나갈 수도 있다.

하나님께서 교회에 나가지 않고 어설프게 예배드리는 것을 바라시지도 않을 것이다. 여기서 교회란 어떤 건물만을 뜻하지 않는, 두 세사람이 주님의 이름 아래 모이는 것도 포함된다.

간절히 바라기는, 하나님을 믿지 않는 분들에게 당장 구원의 은혜가 임하는, 되도록 많은 분들이 선택받아 언젠가 천국에서 영원한 삶을 함께 나누게 되기를 기도한다.

지구에서의 마지막 밤에 영원한 삶이 결정된다니…

천국, 착각은 자유

 어떤 사람이 죽어서 심판을 받게 되었다. 그가 재판관에게 말했다.
 "궁금한 게 있습니다. 천국엔 동물들이 있나요? 맹수들은 풀만 먹고 사나요, 아님 다른 약한 동물들을 잡아먹나요?"
 그리고 잇달아 물었다.
 "천국에선 시집도 안 가고 장가도 안 간다는데 연애는 할 수 있습니까? 또 상급에 따라 차도 주고 집도 준다는데 가정부도 딸려오나요?"
 그는 또 덧붙였다.
 "말 나온 김에 또 묻겠습니다. 영원한 시간이라면 뭘 알고 시작해야하지 않겠습니까. 심심한 천국이라는데 티브이나 스마트폰 같은 건 있나요? 혹시 예수님이 가나안 혼인 잔치에 만드셨던 포도주 맛 좀 볼 수 있습니까?"

그러자 재판관이 혀를 끌끌 차며 대답했다.

"당신은 지옥갈 텐데 뭐 그리 천국에 대해 알려고 하오? 차라리 지옥에 대해 물어보시오."

"왜 내가 지옥 갑니까, 교회 다녔는데?"

"무늬만 기독교인이었지 않소. 과부나 고아를 돕지도 않았지, 교회에서 봉사하는 걸 끔찍이 싫어했지, 또 헌금할 마음은 커녕 이용해서 돈벌이 할 생각만 했잖소."

"그래도 내가 명색이 장로 아닙니까."

"직분을 명예로 받아서 거들먹거리며 목사님을 비롯한 여러 교인들과 싸우기만 했잖소."

"아니 믿기만 하면 구원받는다고 들었는데 이게 뭡니까?"

"예수님은 나더러 주여 주여 하는 자마다 다 천국에 들어갈 것이 아니요, 다만 하늘에 계신 내 아버지의 뜻대로 행하는 자라야 들어간다고 했소. 당신은 '믿습니다!' 쥐어짜듯 목소리만 컸지 실상 하나님을 사랑하기는 커녕 믿지도 않았는데 어찌 당돌하게 천국 갈 꿈을 꾼단 말이요?"

장로는 뒤돌아서며 푸념을 했다.

'젠장 여집사와 놀아나고 싶은 마음을 괜히 억눌렀잖아. 이럴줄 알았으면 술도 취토록 마실걸…'

열심히 기록 하던 서기가 중얼거렸다.

"정말 웃기지도 않네!"

옆에 있던 안내역의 천사가 물었다.

"그건 웃긴다는 말이요? 웃기지 않는다는 뜻이요?"
서기가 답했다.
"저 사람 표정을 보면 웃음이 나와요?"
천사는 먼젓번 재판을 떠올려봤다. 재판을 받는 사람은 전에 집사였다고 했다. 그는 재판관에게 조목조목 따졌었다.
"아니 주일 예배 나처럼 잘 나가던 사람 있으면 나와보라고 그래요. 새벽 예배와 수요기도회, 금요 철야 예배도 안 빠졌습니다. 십일조에 감사헌금도 철저히 하지, 때되면 교인들 단체 회식도 시켜주지, 왜 내가 천국에 못 들어간다는 말입니까? 건축 헌금을 적게 내서요?"
"그건 다 안수 집사 뽑힐려고 그런 것 아닌가? 헌금은 해야 하지만, 돈 바치는 게 전부가 아니라오."
재판관의 말에 그는 계속 항변했다.
"그게 어떻단 말입니까? 선거 운동을 아예 하지 말란 말입니까? 세상에서도 그거 안하는 정치가가 있습니까?"
"당신이 섬김보다는 오로지 명예를 위해 했으니까 문제지."
"손 놓고 나몰라라 하기보다 그렇게라도 열심 때리는 게 낫지 않습니까?"
"그건 좋은데 당신한테 간절하게 도움 청하는 사람들을 냉정하게 뿌리쳤잖소."
집사는 기가막히다는 표정으로 소리쳤다.
"그런 것 다 도와주면 버릇됩니다. 평생 일어서지를 못해요.

나도 그런 것 다 이겨내고 자수성가한 사람 아닙니까!"
　재판관은 혀를 끌끌 찼다.
　"그래서 물에 빠진 애를 내버려두었었군. 말은 일부 그럴듯하지만 믿음의 흔적조차 없으니 미안하지만 천국은 틀린 것 같소."

　한편, 지상에선 어느 교회의 구역 모임이 있었다. 구역장이 한 여집사가 든 핸드백을 보며 탄성을 발했다.
　"우와, 빨간색의 빽이 정말 예쁘네요. 이런 것도 이리 좋은데 왜들 사치에 눈이 멀어 몇 백 만원짜리 명품따위에 미쳐 돌아가지?"
　그러자 여집사는 입가에 묘한 미소를 흘리며 말했다.
　"이게 바로 그거예요."
　머쓱해진 구역장은 횡설수설 하듯 지껄였다.
　"어쩐지 멋있더라니…"
　옆에 있던 구역장의 아내가 끼어들었다.
　"여보, 있는 사람은 저런 거 메고 다녀도 돼요. 당신도 나한테 저런 것 한번 사줘봐요. 갖고 다니나 안 다니나 보시란 말이예요."
　"갖고 다닌다는 말인가, 아닌가?"
　구역장이 속으로 말하듯 할 때 가만히 지켜보는 듯하던 여집사가 끼어들었다.
　"하늘 나라는 아름다운 빽을 구하는 장사꾼과 같다. 그가 아주 값진 빽 하나를 발견하고 가서 가진 것을 모두 팔아 그 빽을 샀다. 예수님이 명품 빽을 아셨으면 이렇게 말씀하시지 않았을까요?"

구역장은 큰 한숨을 내쉬며 말했다.

"팔아서 가난한 사람 도와야하지 않을까요?"

여집사는 고개를 저었다.

"예수님께선 비싼 향수도 발에 그냥 뿌리라고 하셨는데, 이 빽으로 사람들 눈을 즐겁게 하는 것도 귀한 일 아닌가요?"

그녀는 돌아서며 흥얼거렸다.

"살아서 즐겨야지, 늙어지면 못 노나니…"

'조물주 위에 건물주'라는 말을 들으며 서울 강남 노른자위 건물 여러 개를 소유한 돈사장님. 건강하기도 해서 세상 남 부러울 것 없이 잘 먹고 잘 살고 있었다.

그는 청년 시절까지는 교회에 잘 다녔었지만 소위 '돈맛'을 알고부터는 인생의 목적이자 목표인 돈버는 데 온 시간과 정력을 쏟은 까닭에 하나님을 등지고 있었다.

"건물 하나만 더 사고. 죽기 전에 다시 교회 나가면 되겠지? 저녁에 포도원에 들어간 품꾼처럼 말이야. 그래도 품삯은 똑같았잖아."

그가 예전에 주기도문 했듯이 되내곤 하는 말이다.

그러다 외국에 나가 있는 조카의 소식을 듣는다.

평소에 위가 더부룩하고 소화가 잘 안 되었다는데 그것이 위암 말기가 되어 하늘 나라로 간 것이다. 그간 조카가 하나님을 잘 믿었다고 알기 때문에 하늘 나라에 갔을 거라고 확신할 수 있었다.

젊은 나이에 안타깝게 죽은 조카의 소식을 듣고도 돈을 향한 그의 열정엔 변함이 없었다. '조금만 더, 조금만 더!' 결코 멈추어지지 않는 '돈 고지'를 향한 그의 행진을 누가 막을 수 있을까. 게다가 마귀가 계속 뒤에서 밀어주니 말이다.

어느날 그는 젊었을 때의 슬기로웠던 교회 생활을 문득 기억해내자 대뜸 허공에 대고 외쳤다.

"꿈에서까지 돈다발에 묻힐 정도로 돈쭐이 나는데 이걸 어떻게 외면합니까! 하나님이 계시다면 돈 사랑의 유혹에서 벗어나 대신 믿음으로 채워지게 해주세요!"

마침 근처에 있던 천사는 고개를 갸웃거렸다.

'과연 이 사람은 구원을 받을 수 있을 것인가?'

천국과 지옥, 어디로 가야 하나

일부 목사님들에 의하면, 천국과 지옥은 지금 만들어지고 있고 낙원과 음부가 현재 존재한다고 한다. 낙원은 예수님이 십자가 위에서 한 강도와 함께 가신다는 그 낙원이고 음부는 노아의 홍수 이래 죽은 사람들이 예수님이 다시 오신 뒤 심판하시기 전까지 임시로 머무는 곳이다.

나는 천국과 지옥에 다녀왔는지는 확실치 않다. 비슷한 것을 꿈꾼 적은 있으나 그것이 천국이다 지옥이다 말할 수는 없다. 그러나 앞으로 확실히 있을 것이기 때문에 순전히 상상으로 이 글을 쓴다.

교회에서는 천국과 지옥에 대해 잘 얘기를 안 하는 것 같다. 구원 받으면 가는 곳, 거저 받는 은혜로 가는 곳이 천국이고 지옥은 예수 믿지 않으면 가는 곳 정도로만 얘기한다.

지옥에 대해 말하는 것을 되도록 삼가는 건 성도들 겁주지 않나 해서일 것이다.

그러나 지옥이라고 다 불구덩이나 구더기 득실거리는 곳은 아닐 것이다. 천국이 삼층천이 있듯이 지옥도 여러 단계의 삶이 있을 것 같다.

천국은 일층천에 4단계, 이층천에 4단계, 그리고 삼층천에 4단계로 나뉘어져 성도의 일생의 상급에 따라 영원한 삶을 누릴 것 같다.

지옥도 12단계로 1단계인 거짓 선지자나 이단 교주가 가는 유황 불구덩이부터 12단계인 음부에서의 탐탁치 않은 삶 같은 곳까지 다양할 것 같다.

이순신 장군이나 세종대왕이 지옥 갔다 아니다 말들이 많은데, 하나님을 믿지 않고 죽었기 때문에 지옥가는 것은 맞다고 본다. 하지만 착하게 살았고 무언가 창조주가 혹 계시지 않나 생각했더라면 지옥의 상등급인 12단계쯤에 갔으리라고 본다. 그곳은 음부보다는 생활 형편이 낫고 천국의 1단계보다는 훨씬 못하리라고 본다.

그래서 믿는 사람들은 제대로 구원 받아서 무조건 천국에 가야만 한다. 영원한 삶이 펼쳐지기 때문에 가능한 높은 단계의 천국에 가야만 한다.

이 짧은 인생도 잘 살기 위해 많은 노력과 고생을 하는데 영원히 삶을 이어갈 천국이라면 그 준비가 전 일생에 걸쳐 이루어져야만 한다.

극히 일부에 불과한 이 세상의 삶이니만큼 메인 코스 이상의 본 게임인 저 세상의 삶에 초점을 맞추고 목숨을 걸 정도의 준비를 해야 한다.

천국은 침노하는 자의 것이라 한 바, 그야말로 좋은 자리를 얻기 위하여 최선을 다해 쟁취해야만 한다.

턱걸이로 간신히 천국 가게 되면 영원히 후회하게 될 게 확실한데, 지옥은 말할 것도 없다.

바울처럼 남들을 위해서라면 구원 못 받아도 좋다고 여유롭게 말할 처지가 못된다. 바울은 천국 티켓을 이미 따놓았다고 확신했기 때문에 그런 말을 했을 성싶다.

목사님들은 구원을 받은 것에 대한 감사로 기독교인의 제대로 된 삶을 살라고 보통 가르친다. 하지만 그런 것은 최고의 믿음을 가진 성자나 가능하지 죄 범벅인 보통의 인간들은 잘 되지를 않는다.

즉 애당초부터 영원한 천국의 행복한 삶, 지상에서의 그것보다 훨씬 레벨 업된 멋진 삶에 목표를 두고 상급 쌓는 일에 몸과 마음을 다 바쳐야 한다는 것이다.

죽음이 가까워 올수록, 아니면 그것을 느끼고 있다면 전력질주해야 한다. 괜히 체면 차리거나 대수롭지 않게 생각했다간 영원히 자기 머리를 쥐어뜯어야 할 것 같다.

천국은 에덴의 완성판일 것이다. 에덴동산, 하나님께서 후회하시며 안타까워 하셨던 바 천국은 그런 일이 안 일어나게끔 검증된 성도들만 받아들일 것이다. 자유의지를 헌납하다시피 한, 먹든지 마시든지, 죽든지 살든지 오로지 주님의 뜻대로 할 각오의 기독교인만 원하시지 않겠는가.

새 술은 새 부대에라고 믿음도 억지로 짜내는 게 아니라 스스로 기꺼이 새 술처럼 산뜻하게 우러나오는 게 좋다. 그러기 위해선 그런 자발적 믿음을 달라고, 성령님이 함께 해달라고 기도해야 하는 것이다.

기도엔 천국의 좁은 문이 크게 보이게 하는 마법이 있는 것 같다.

또한 모이기를 힘써서 교회 예배와 모임에 잘 참석하며 구원받을 사람들의 전도에 열심을 내야 한다. 그들의 영원한 은인이 되어 천국에서 만날 때마다 고맙단 소리를 듣게 될 것이다.

천국에서 영원히 만날 사람들과의 공동체 연습 내지는 성도의 교제로 만나기를 자주 하여 서로의 필요시 위로와 도움과 힘이 되게 해야 한다.

그렇다고 이 세상이 덜 중요한 게 아니다. 이 세상은 천국이나 지옥을 위한 시험장으로 최선을 다해 주님께 영광을 돌리며 다음 세대의 수험생들을 위해 잘 가꾸어야 한다.

죽어봐야 알 것이다라고 여기는 사람들은 교회 예배도 등한시 하고 평생 성도가 아닌 뜨내기 교인으로 살아가 구원이 불확실하다. 성도는 교회를 염려하며 성도들간의 교제와 전도에 힘쓰며 성화된 삶을 살려고 노력한다. 반면 교인은 자기가 교회 예배에 참석하는 걸 자랑스러운 듯 내세우며 조금만 섭섭한 면을 느끼면 예배도 빠지고 뒤에가서 목사님이나 다른 교회 멤버들 욕하기 바쁘다.

성도가 아닌 이런 겉모습만 기독교인을 과연 하나님께서 정성스레 준비하신 천국에 들여놓으실 것인가?

지옥 중간 이하면 그야말로 고통의 나날일 것이요, 그 이상이라도 지옥이니만큼 지상에서의 아주 편한 문화생활과는 거리가 있을 것 같다. 이 세상에서 상류층으로 마음껏 누리고 살다가 지옥에 가는 사람들은 영원히 매일매일의 삶이 정말 지옥 같을 것이다.

결론적으로 성도가 되어 모이기에 힘써야 한다. 열심히 교회 예배에 참석하여 진실된 마음으로 찬송하고 기도하여 하나님께 영광 돌리고 따뜻한 성도간의 교제로 사랑이 충만한 천국의 삶을 맛보아야 한다. 천국에서 만나 하나님을 찬양하며 사랑을 나눌 영원한 동반자인 것이다.

이젠 더이상 교회의 뒤편에서 얼쩡거리는 무늬만 성도인 교인이 아니라 거룩한 무리인 성도, 예수님의 제자들이 되어야겠다.

평범한 일상이 행복

　인생 말년이 뇌졸중 전과 후의 삶으로 바뀌었다. 뇌졸중 전엔 건강하고 무료했으나 후엔 병을 치료하며 다시 건강해지고자 무진 애를 쓰게 된다. 다시 건강해지면 전에 못 느꼈던 행복감에 휩싸일 것만 같다.

　두통이 한 달 이상 계속되고 왼쪽 팔에 감각이 무뎌지는 데도 병원 응급실을 안 찾은 나의 무지함에 화가 나기도 하고 상담했던 인도인으로 보이는 여의사가 미워지기도 한다. 일주일에 서너 번의 골프를 치고 거의 매일 와인을 마셨지만 행복과는 거리가 멀었고 신앙생활도 무덤덤하고 맹숭맹숭한 좀 지루하달까, 하는 날의 연속이었다.
　전에는 혈압도 정상이요 콜레스테롤 치도 평균에 속했기에 뇌졸중은 꿈도 꾸지 않았는데 쓰러진 날 저녁에 백포도주를 많이 마신 게 원인이었다. 나중 들은 담당 의사의 말에 의하면, 와인이 혈압을 높혀 그 지경이 되었다는 것이다. 지금도 아쉬운 것은 진작 그런 정보를 알았다면 취하도록 와인을 마시지는 않았을 것이다. 사실상, 건강을 잃으면 다 잃는 것, 이라고 밤낮 앵무새처럼 읊어댔지 실질적인 건강 관리는 등한시했던 것이다.

그때까지만 하더라도 뇌졸중은 전혀 다른 동네 얘기로 여기고 있지 않았는가.

이른 아침에 머리가 깨질 듯 아파(종래와 다른, 치통보다 훨씬 더 고통스러운) 사고를 직감하고 구급차를 불렀다. 구급차는 쓸데없이 로비나 병원에 갔다가 마땅한 의사가 없다는 말에 골드코스트 대학 병원으로 다시 갔다. 그곳에서 난 정신을 잃었고 의사 말에 의하면 기적처럼 사흘만에 깨어났다. 병원 측에선 아내를 따로 불러 닥쳐오기 싶상인 죽음이나 반신불수를 준비하라는 안내를 했고 아내는 마음 준비를 단단히 하며 아들과 함께 하나님께 나를 살려달라는 기도를 했다고 한다.

병원에 3개월쯤 있다가 퇴원했다. 병원에선 더 있으랬지만 우선 밥이 입맛에 맞지 않았다. 양식 체질이 아닌 이유도 있었지만 냄새 하며 영 성의를 보이지 않는 식사였기에 식사 시간때마다 미간을 찌푸리곤 했다. 그래서 배달 음식을 많이 먹었는데 무엇보다도 병세가 굳이 병원에 더 있는다고 나아질 것 같지 않았다. 아내의 걸어서 퇴원하게 해달라는기도 덕분인지 무사히 걸어서는 나왔는데, 어지럼증과 미각 후각의 감각이 거의 상실되었고 변비가 심했다. 이런 증세는 퇴원 6개월이 지난 지금도 거의 똑같다. 약을 먹고 운동을 해도 좋아질 기미가 보이지 않는다. 얼마 전엔 그래서 한의원을 찾아 침과 뜸을 맞고 한약도 주문했다. 보통 어지럼증은 6개월에서 1년 사이에 없어진다고 들었는데 한편 거저 없어질 것 같지 않아 한방에 의존해보기로 한 것이다.

의사들은 이나마의 상태가 기적이라고 하지만, 만약 이 상태가 죽을 때까지 계속 되면 어떡하나 하는 걱정도 많이 든다.

시간이 지날수록 뇌졸중 전의 비교적 건강했던 삶이 그리워진다. 누구든지 건강한 사람들을 보면 부러웠고 그들이 행복해하지 않을 이유가 없어보였다. 정말 건강을 잃으면 모든걸 잃는다, 가 지금처럼 실감 날 때가 없다. 그야말로 건강을 가지면 모든 것을 가진 것 같다,라는 말로 대체할 수 있을 것 같다. 풀어진 신발끈을 매려고 해도 몸의 중심을 잡지 못하는 이 어지럼증은 현재 내가 가지고 있는 최악의 짐이다. 걷는 것도 조금만 자세가 흐트러지면 비틀거리게 되고 좋아했던 골프도 못치고, 어떤 일도 하기가 힘들다. 운전도 하지를 못해 어디를 가도 항상 아내의 도움를 받아야 하니 답답하기가 그지없다.

하루하루가 감옥에 갇혀있는 것 같은데다 미각과 후각도 망가져서 맛을 제대로 못 느끼고 냄새도 그 좋아했던 구수한 커피 내음이 역겹게 느껴진다. 그 달콤한 맛의 초코릿도 씁쓸하기만 하고 식욕까지 잃어 식사 시간만 되면 괴로워진다.

변비도 병원에 자꾸 누워있다보니 생겼는데 변비약도 잘 듣지를 않아 일주일 이상 볼일을 못본 적이 있다. 그러면 배가 탱탱해지며 관장을 해야 했는데 나중엔 그것도 내성이 생기는지 하나마나였다. 한번은 딱딱한 변이 오줌관을 누르는지 오줌통은 탱탱하고 오줌은 마려운데 오줌을 눌 수가 없었다. 한 방울도 나오지 않고 오줌보는 터질 듯 하는 게 정말 고통스러웠다. 간신히 관장을 몇 번 해서야 해결을 했는데, 정말 오줌을 잘 눗는 것도 복이었다.

그 뒤 의사에게 사정을 하여 위 내시경 찍을 때 먹는 위와 장 세척액을 처방받아 만성변비를 가까스로 해결 했고 지금은 그럭저럭 변비를 해결한 상태다.

그 하찮게 생각했고 어느땐 귀찮기도 했던 변보기와 오줌 누는 것이 여간 감사하지 않을 수가 없다. 각종 음식의 냄새에 만족해하며 맛있게 먹던 그런 것들이 얼마나 행복했던 것인가. 비틀거림 없이 맘대로 골프치거나 걷고 일할 수 있었던 것은 실로 큰 축복이었다.

돌이켜보면 매순간 즐겁고 생명의 기쁨을 가져야 마땅했던 그 시간들이 왜 무료했는지 참 모를 일이다. 매 순간 하나님께 감사하며 살아도 모자를 판에 무감각한 신앙 상태에 메마른 감정으로 하루하루를 보내고 있었던 것이다.

　이제 깨닫는 것은, 아무리 감정의 샘이 말라 있더라도 이성의 우물을 퍼올려야 한다는 사실이다. 나의 믿음이 왜 이러지, 하며 메마른 감정을 용납하면 안 된다. 억지로라도 펌프질을 하듯 기도와 노력으로 감정을 살려야 한다. 그러면 신앙의 회복은 물론 성령님의 도움으로 믿음의 열정이 살아나리라 본다.

　뇌졸중 전의 그 평범했던 일상이 행복이었고, 뇌졸중으로 말미암아 감사함을 깨닫게 된 지금, 오히려 그것이 내 잠자던 믿음을 깨웠다고 생각하니 당장은 고통스럽더라도 필요했다고 여겨진다. 하지만 지금의 육체적 생활이 너무 힘들어(특히 인내심 부족으로) 아프고 나서가 여러 면에서 더 낫다고 할 수는 없지만 조만간 다 회복된다면 차라리 아팠던 것이 나았다고 자신있게 말할 것 같다. 아프기 전에 좋은 믿음으로 그때의 행복감을 알았다면, 건강에 좀더 신경 썼더라면 좋았을 것을, 하는 후회도 들지만 이미 지나간 것을 되돌릴 수는 없어 마음이 아프기만 하다. 이런 이유로도 타임머신이란 주제가 흥미로운 것일 터이다.

　곰곰 생각하면 인생은 금방 끝나는데 영원한 내세가 기다리고 있는 것이다. 뇌졸중이 없이 그럭저럭 삶을 무난하게 끝냈다 한들 하늘의 상급이 별로 있었겠는가. 하나님께서 기적적으로 큰 육체의 손상없이 살려주신 것은 나를 어여삐 보셔서 남은 인생 하늘의 상급을 잘 쌓으라는 기회를 주신 것이다.

이제 확실히 알았다. 영원한 죽음 이후의 생에 비해 극히 짧은 이 세상에서의 삶은 그 긴 삶을 위해 치러지는 시험 기간이라는 사실을. 이 짧은 순간에 길고도 긴, 아니 끝나지 않을 삶이 결정되는 것이다.

지금은 하루하루가 사실 불편하고 지루하고 고통스러울 때도 있다. 자살하는 사람들 이해가 될 정도로 우울증도 찾아온다. 밤에 잠도 안 와 수면제에 의존한다.

그러나 아내의 말처럼, 언젠가 지금의 내가 괜찮았다고 할지도 모른다는 생각에 억지로라도 행복해지려고 애쓴다.

아무튼 이제 남은 삶은 온전히 영원한 시간을 위해 바쳐야 한다. 실수와 실패가 많은 삶이었지만 앞으로는 현명한 판단만을 해야겠다. 그래, 가자 힘차게, 영원한 미래를 위해!

하나님의 양아들

(실화를 바탕으로 했습니다.)

한국 기독교 모든 교단에서 '이단'으로 판명 났음에도 불구하고 주일날이면 수많은 사람들이 이 이단교회에 몰려들었다.

교주 수준의 오천회 목사(그는 회장으로도 불린다)의 벤츠 마이바흐 승용차가 예배당 대문 안으로 들어서자 본관 건물까지 줄지어 도열한 검은 색 정장의 부목사와 장로들이 구 십도 각도로 머리를 숙여 인사한다. 마치 조폭들의 세계 같다는 느낌이 들게 한다.

본관 앞엔 색색의 한복을 입은 권사와 여전도회장 등이 곱게 화장을 한 채 황제 같은 목사님 맞을 마음의 각오를 굳게 하고 있다. 어떤 권사는 목사님께 드릴 꽃다발은 물론 바구니 한가득 꽃잎까지 목사가 오고 가는 머리 위에 마구 뿌려댄다.

본관 앞에서 주차장까지 붉은 카펫이 깔리고 여름이면 카

펫을 따라 양쪽에 선풍기가, 겨울이면 히터가 늘어선다.

 귀하신 분이 혹시 더우실까봐, 갑자기 찬 공기를 맞아 감기라도 걸릴새라 여간 조심하는 게 아니다.

 오목사는 충성스런 신하(?)들의 절을 받으며 흐뭇한 미소를 짓는다. 그러면서 속으로 중얼거린다.

 '이런 게 영원히 계속 된다면 얼마나 좋을까. 늙어가는 진시황이 그렇게 불로초를 구하려했던 게 정말 남의 일 같지 않아.'

 본관으로 들어가며 어느 젊은 여집사의 팔뚝을 살짝 잡자 그녀는 황송한 마음에 얼굴을 붉히며 어찌할 바를 모른다. 그저 머리를 여러 번 조아릴 뿐이다.

 얼마 뒤 설교 시간이 되었다.

 그는 강대상 앞으로 나아가며 늘 하는 생각을 한다.

 '이 모든 게 일종의 쇼야. 예배는 그저 교인들을 즐겁고 행복하게 만들어주면 돼. 하나님이 진짜 존재하건 말건 귀한 돈 내고 시간 소비하는 사람들을 인상쓰게 만드는 목사들이 있다면 한심한 거지. 소비자는 왕이다,로 알아야지.'

 그가 강댓상에 다가가자 우뢰와 같은 박수가 터진다. 그는 오른 손을 들어 외친다.

 "할렐루야!"

 교인들이 아멘,으로 화답하자 그는 손을 든 채로 천천히 사방으로 고개를 돌린다. 마치 온 교인들과 눈이라도 맞추려는 듯하다. 대형 스크린에 그런 그의 모습이 클로즈업 되어 나타난다.

'대통령을 왜 해? 골치만 아프게. 이런 목사가 백 번 낫지. 난 대통령 시켜줘도 안 해.'

이번엔 '복 받은 사람들'이란 제목으로 성경에 물질의 복을 왕창 받은 사람들에 대해 집중 조명한다.

"많이 바쳐야 많은 복을 받습니다! 이 땅에서도 쌓을 곳이 없을 정도로 로또 같은 복을 받으며 하늘 나라에도 자동 저축이 되는 것입니다."

아멘, 아멘이 연속으로 크게 터지자 그는 더욱 신이 나서 외친다.

"이 우주의 주인이신 하나님이 뭐가 아쉬워서 여러분 코 묻은 돈을 달라고 하겠습니까. 다 여러분 시험하시는 겁니다. 아까워하지 말고 깊이 따지지 말고 그냥 하세요. 묻지 마세요.

어떤 교회는 건축헌금으로 집 문서 잡히고 적금 깨서 헌금한 교인들이 꽤 된다고 합니다. 우리도 이제 슬슬 세계에서 제일 큰 교회, 건물을 지어야 하지 않겠습니까?"

또다시 아멘, 소리가 천장을 뚫을 듯했다.

그는 갑자기 어떤 생각이 들었다.

'전에 어느 이단 목사는 가짜 사진을 만들었었지. 자기가 단에 설 때 구름 탄 천사들이 공중에서 환호하는 그럴듯한 사진 말이야. 다 쓸데없는 짓이지. 말만 잘하면 저 욕심 많은 교인들이 날 잡아잡수, 하는데 그런 저질 차원의 행위를 하다니. 지난 주 설교엔 아예 못을 박았었지. 내가 하나님의 양아들이라고. 그러니까 지금 반응하는 게 틀리잖아. 머리는 폼으로 달아 논게 아니라 쓰라고 있는 거야. 몇 십 명 놓고 누가 나갈까봐 노심초사하는 그런 목회, 평생 구질구질하게 왜 그렇게 살아?'

마침 오목사 옆으로 천사와 악한 영이 나타났다.

천사는 혀를 끌끌 찼다.

'소문대로 사탄의 회에 들어갔구먼. 얼마나 잘 먹고 잘 살겠다고 저 짓을 하지? 이제 살 날도 얼마 남지 않은 것 같은데.'

악령이 비웃으며 천사를 보고 지껄였다.

"목사라는 자가 저러니 이제 기독교는 끝났소. 진짜 개독교지."

천사는 기죽지 않고 말했다.

"이미 다 성경에 씌여져 있잖소. 계획대로 되고 있는 것이오. 당신도, 영원히 벌을 받으리라는 것도 이 기회에 다시 새기시오."

예배가 끝난 뒤 그는 당회장실로 돌아와 요즘 정치적으로 많은 논란 속에 있는 '백콩 도사'에게 전화를 걸었다.

비서가 전화를 받고는 도사님이 지금 강의중이라고 한다.

"아니 일요일엔 강의가 없었잖아?"

기분 나쁜 듯이 말하자 비서는 더듬듯이 대답한다.

"요즘 얼, 얼빠진 사람들이, 아니 도사님 강의에 관심 가진 사람들이 많아져서 강의 횟수를 늘렸습니다."

그 시간 백콩 도사는 자기 제스처에 신경 쓰며 말하고 있었다.

"나는 쫙 보면 사물들이 눈에 확 들어와. 저쪽 책상 위 물건들이 뭔지, 강당 끝에 있는 아줌마 블라우스 주름 진 것이 몇 개 인지도 보인다니까."

참석자들이 모두 탄성을 질렀다. 그런데 한 사람만 고개를 갸웃거렸다. 그는 친구가 신통력있는 도사니 꼭 한번 참석해보라고 해서 마지못해 온 것이었다. 그는 혼잣말 하듯이 종알거렸다.

'눈이 참 좋으시군요.'

강의가 끝나고 그는 오목사에게 전화를 걸었다.
"또 무슨 사기를 치고 있는 거야?"
친구의 황당한 물음에 백콩 도사는 쓴웃음을 내비친다.
"어리석은 참석자들에게 사기 치는 거나 교인들 등쳐먹는 거나 도낀개낀이지."
오목사는 껄껄대고 웃었다.
"오늘 술 한잔 어때?"
"고급 양준가 꼬냑인가 선물 받았다더니 그거 마시자는 건가?"
"그래도 좋고. 아니면 어디 룸으로 가든가."
백콩 도사가 침을 꿀꺽 삼키며 속삭이듯 말했다
"젊고 싱싱한 애들 새로 몰려왔다는 데 소식 들었어? 거기 말하는 거야?"

마침 교회 밖에 방송국 취재진이 와서 교인들과 인터뷰를 하고 있었다.

"그것을 알고도 싶다, 프로에서 왔습니다. 요즘 목사님 여교인과의 스캔들로 시끄럽다는데 뭐 방송에 말씀하고 싶으신 것 있나요?"

"알랑가 모를랑가 프로라구요? 전에 학생 수첩인가 뭔가에서 취재해 갔는데."

"그때 뭐라고 말씀하셨어요?"

나이 많아보이는 여권사는 자랑스레 말했다.

"나는 우리 목사님이 살인을 하더라도 존경할껍니더. 다 그럴만한 사정이 있으셨겠죠."

합력하여 악을 이루다

 이 지상에서 합력하여 선을 이루는 것은 예수님의 살과 피가 살아있는 교회에서, 또 우리의 삶에서 꼭 필요합니다. 그것은 영원한 천국에서의 삶까지 연결됩니다.

 그러나 제목처럼 합력하여 악을 이루는 일이 훨씬 더 많은 게 지금의 세상입니다.

 이제 슬슬 무엇이 합력하여 선을 이루는 건지 내 경우의 예에서 찾아 봅니다.

 지난 번 글 '된장국에 잡채를 말아 먹다'의 글에 새벽에 무모하게 길을 떠난 꿈이 정확히 무슨 의미인가 했었습니다. 그러자 어느 성도 한 분이 온갖 고난에 빠졌을 때 하나님을 찾아야 한다는 좋은 해몽을 해주셨습니다. 이런 당연한 뜻이 왜 떠오르지 않았을까요?

 우리는 '합력하여 선을 이루다'란 성경 구절을 금과옥조(금이나 옥처럼 아주 귀중한 법칙이나 규정)처럼 따르고 기도할 때에도 많이 인용합니다.

'우리가 알거니와 하나님을 사랑하는 자 곧 그 뜻대로 부르심을 입은 자들에게는 모든 것이 합력하여 선을 이루느니라 (로마서 8장 28절)'

빗물 저장탱크에서 물을 공급하는 펌프가 고장나서 펌프숍에 가서 새 것을 사왔는데 영 작동이 되지를 않았습니다.

그래서 가지고 갔더니 펌프 속에 물을 먼저 채워야 한다며 실제적으로 작동해 보여주었습니다.

물론 집에 와서 다시 설치하니 아주 잘 돌아갔지요.

예전 수돗물이 귀하던 시절, '뽐뿌'라 불리던 펌프를 가진 동네나 집이 제법 있었습니다.

그때에도 '마중물'이 꼭 필요했었는데 지금 이 시대의 펌프에도 그게 필요했던 겁니다. 마중물이 합력해야 뽐뿌건 펌프건 일할 수 있습니다.

아내가 이런 말을 했습니다.

"당신은 뇌졸중 걸린 것을 계속 써먹네?"

사실 쓰는 글이나 간증에서 '뇌졸중'이란 단어가 거의 빠진 적이 없지요. 내가 이렇게 대답했습니다.

"노루 친 몽둥이 삼 년 우린다, 하잖아. 난 아직 이 년도 안 됐으니 일 년은 더 우려먹어야지."

이 땅에서의 삶과 죽음이 교차됐었고, 영원한 천국의 앞길이 달린 아주 중대한 문제니 평생 써먹어도 될 것 같은데 말입니다.

그래서 다시 적용합니다.

응급차를 타고 간 골드코스트 병원 수술실에서 혼수상태로 사경을 헤매고 있을 때 지푸라기라도 잡는 심정으로 아내는 시드니의 신경외과 전문의인 김영준 의사에게 전화했습니다. 그는 시드니에서 교회 다닐 때 담임이셨던 김태현 원로 목사님의 둘째 아들입니다.

어릴 때부터 봐 온 그인지라 김의사를 잘 알고 있었고 김목사님을 통해 그의 실력이 뛰어나다는 것을 귀가 닳도록 들어왔지만 과연 우리와 무슨 상관이 있을까, 생각했었지요. 하지만 실제적으로 큰 도움이 되었습니다.

수술 담당 의사에게 그의 이름을 몇 번 거론하며 혹시 아느냐고 아내가 물어도 소 닭보듯 하는 표정을 짓다가 갑자기 환한 얼굴 모습을 보였습니다.

"아, 내가 계속 찾고 있던 선배였지요."

그 뒤 담당 의사는 김의사와 통화를 했고 그의 지시대로 수술을 한 끝에 대성공으로 끝나게 되었습니다. 아내 또한 그 과정을 잘 통하는 한국 말로 시원하게 들을 수 있어서 참 좋았다,라고 했습니다.

2년이 다 된 지금 멀쩡히 살아있고 큰 무리없이 생활하고 있으니 '대성공'이 아닐 수 없지요. 당시에는 뇌졸중이 사망률 1위였고 의사들도 아내에게 각오하라고 충고했었지요.
 덧붙인다면, 지금 태연스레 운전하는 날 보고 놀라시는 분들도 계시고요.

 아내는 나와 결혼 전에 믿음이 좋은 사람을 만나게 해달라고 열심히 기도했다고 합니다.
 내가 참 믿음이 없는 사람이었는데 가능성이 있어서 낙점이 되었겠지요. 진정 마음을 다하고 목숨을 다하고 뜻을 다하여 하나님을 사랑해서 아내의 기도가 제대로 응답 받았다고 기뻐하도록 해야겠습니다. 하나님은 정확하신 분 아닙니까!
 아무튼 이것도 합력하여 선을 이루는 것의 일종이라고 봐야겠지요.
 더 나아가 사소한 것들도 신경 써서 해야 합니다.
 골프장에서 '디봇'이라고 불리는 골프 치다 파인 패어웨이 잔디, 그곳에 모래를 열심히 붓는 아내를 보고 나도 따라하게 되었습니다. 전에는 내것만 하는 둥 마는 둥 하다가 이젠 누가 그랬든 눈에 띄는 대로 하게 되었지요.
 이것은 좋은 패어웨이에 큰 도움이 되는 것은 말할 나위가 없지요.
 재활용에 도사급인 아내의 잔소리에 이젠 이력이 나 전보다는 훨씬 더 자연 보호의 동참자가 되기도 했고요.

자 이번엔 무엇이 합력하여 악을 이루는지 봅시다.

성경에도 그 이야기는 많지요. 아담과 이브가 뱀과 합력하여 먹은 선악과, 소돔성의 악한 사람들, 출애굽 당시의 금송아지 사건, 합력하여 스데반을 돌로 쳐죽인 유대인들, 그리고 가룟 유다와 바리새인, 대제사장 등의 합작으로 예수님을 죽이기도 했지요.

결론적으로 모두가 하나님을 잘 믿어 합력하여 선을 이루면 이 지구가 타락하기 전의 에덴동산처럼 낙원이 될 터인데 절대 그렇지 못하고 대다수가 합력하여 악을 행하므로 말세가 올 수밖에 없는 현실입니다.

즉 합력하여 선을 이루는 알곡들은 타락하지 않을 천국에서 새 에덴을 이루고, 합력하여 악을 이루는 가라지들은 지옥에서 영원히 불타버리겠지요.

우리 모두 이제부터라도 합력하여 선을 이루어 영원한 생명의 세계로 들어갑시다!

더 이상 하나님이 후회하시지 않도록 우리가 주님의 일에 앞장섭시다!

헌금통을 사수하라

교회 안내를 맡은 지 반 년쯤 된 것 같다. 얼마 전 노숙자나 부랑아 타입의 백인 남자가 예배 중에 본당 안으로 들어왔다. 바로 전에 열리는 영어 예배가 있었는데 말도 못 알아들으면서 이 시간에 왜 왔을까, 하는 의문이 들었다.

그러나 가끔씩 예배 뒤에 있는 식사 시간에 밥을 얻어 먹으러 오는 사람들이 있었기에 그러려니 했다.

그런데 함께 안내를 보는 아내가 걱정스러운 듯 말했다.

"저 사람이 헌금통 옆에 너무 가까이 있네?"

우리 교회는 헌금 시간이 따로 없었고 들어가는 입구에 헌금통을 놓고 있었다.

그때부터 나는 그 사람이 의심스러워져 헌금통 가까이 앉아 기도 시간에도 눈을 뜨고 그 사람과 헌금통을 번갈아 보았다. 그러면서 전에 어디선가 읽은 글이 떠올랐다.

어떤 도둑이 회심하여 교회에 갔다. 그러자 예배 시간 내내 옆자리의 권사님이 핸드백을 움켜쥐고 있더라고 했다.

또 어떤 거지가 예배에 참석했는데 주위에 있던 장로님이고 집사님이고 고약한 냄새 때문에 다 피했다며 그럴 필요까지 있느냐, 예수님이 교회에 오셔도 박대를 받을 것이라며 글을 쓴 사람은 핏대를 올렸었다.

그땐 나도 고개를 끄덕였는데 현실에 닥쳐보니 그게 아니었다. 만약에 저 허름한 사람이 진짜 헌금통을 갖고 튄다면 보통 큰 일이 아니었다. 나중에 도둑을 잡고 돈을 되찾는다 해도 그때까지의 번거로움에 골치 아프고 안내로서의 책임감에 머리를 들 수 없을 것이다.

게다가 법정에서 증언까지 할 경우까지 계산하면 미리 헌금통을 이상 없게 사수하는 것이 차라리 '은혜'로운 일이 되지 않겠는가. 또 저 사람이 도둑질할 마음이 있었더라도 철저하게 방어하므로써 도둑이 되는 것을 막는 효과도 있을 것이었다.

아무튼 도둑 누명을 쓴 그는 예배 중간에 '다행히' 나가 버렸고, 나는 그리고 나서도 계속 눈 뜬 예배를 드리며 헌금통을 자주 들여다보았다.

전에 읽은 그 글의 회심했는지 모르는 도둑은 자기 정체가 어쩌다 드러났다면 예배당 맨 뒷자리 한적한 곳에 앉는 둥해서 다른 참석자들의 예배를 망치거나 불안하게 해서는 안되었다. 또 그 거지도 다른 사람들 피해 안 주게 했어야 한다. 자기에게서 나는 고약한 냄새를 몰랐거나 신경 안 썼다면 그는 전혀 남을 배려할 줄 모르거나 미친 사람일 것이다.

정말 하나님을 믿고 싶어 왔다면 미리 목욕이라도 하고 나서 예배에 참석했어야 옳다.

교회가 제발 구원 받으세요, 하고 엎드려 비는 것은 맞지만 그걸 목을 곧추 세우고 거만하게 한 손으로 멸시하듯 받는 교만함을 하나님께서 기뻐하실 것인가.

유일한 구원의 문턱인 기독교가 더 이상 싸구려로 전락하게 우리가 내버려둘 수는 없다. 예수님이 하찮은 장사치처럼 취급되어서는 안 되겠다.

만약 목욕할 사정이 안 되었다면? 그럼 당연히 냄새가 퍼지지 않을 예배당 구석 같은 곳에서 있어야 한다. 남을 배려도 못하는 사람이 예수 믿는다고 하면 그것이야말로 위선인 것이다.

그런 사람이 천국에 간다면 문제만 일으킬 것이다.

하나님께서 그런 걸 용납하실까?

천국은 사형 당하기 바로 얼마 전에 예수를 믿어 구원받은 살인자들로 골치 아파졌다는 우스개 소리를 읽은 적이 있다. 그들로 인해 민심이 흉흉하고 분위기가 살벌해졌다는 이야기인데, 구원은 받았더라도 인격적으로 성화가 안 되었다면 그럴 수도 있을 것 같았다. 과연 그런 사람들은 천국의 어느 동네에 가게 될까, 참 궁금해진다.

한번은 이런 일이 있었다. 어느 웃통의 단추를 풀어제낀 인상이 별로 안 좋은 중년의 남자가 대뜸 교회 안에 들어오더니 자기의 통증을 위해 기도를 해달란다. 그는 구릿빛 살갗에 배가 튀어나온 건장한 사내였다.

그것은 마치 오지의 마을에서 주술사를 찾아가 자기의 병을 위해 기도를 부탁하는 느낌이었다. 나는 영어가 서툴다며 즉시 발뺌했지만 내내 기분이 안 좋았다. 그가 예배가 엄격한 다른 종교에 가서도 그럴 것 같지는 않았다.

진통제 먹으면 간단한 걸 기도로 해결 보려는 그가 믿음이 좋아서 그런가? 아니면 하나님이란 존재가 자기 몸의 고통이나 없애주는 가벼운 존재쯤으로 인식되고 있어서인가.

그 어떤 종교도 가질 수 없는 영원한 생명의 기독교, 너무나 크시고도 위대하신 하나님을 대하는 우리의 태도가 그저 자판기나 도깨비처럼 기도하면 뚝딱 들어주는 존재로 전락시키는 것은 아닌가 우려된다.

우리는 늘 하나님을 경외하며 그 영광을 드러내는 일에 앞장서야 한다.

한 번 더 그 사내가 왔을 때 나는 그의 풀어제친 웃통의 맨몸을 보며 참 예의도 없는 인간이라고 생각했다. 그런 자가 진정한 기독교인이 되지는 않을 것 같았다.

누구는 혹시 그런 사람이 옷을 못 입는 무슨 증후군을 갖고 있어 그런 것 아니냐는 동정론을 펼 수도 있겠지만, 만약 그렇다면 그는 그것부터 말하며 미안해 했어야 한다. 무슨 기독교가 교회에 다닌다고 다 천국 가는 것은 아닐것이다. 막 말로 개나 소나 다 구원받는 것은 아니지 않는가. 기본적 소양을 갖춘 인간이라면 좀 염치가 있어야 한다는 것이다. 교회가 밥이나 주고 복이나 비는, 하나님을 구원 제조기처럼 여겨서는 안 된다. 설령 그렇게 무지하게 시작했더라도 바로 고치지 않으면 그는 절대 성령님이 함께 하시지 않을 것이다.

그러면 예배시간이 늘 지루하고 교회 가는 일이 따분해져 결코 구원과는 거리가 멀어질 것이다.

자기 위주의 신앙생활은 결국 영원한 파멸로 자신을 이끈다. 우리가 절대자이시며 주권자이신 하나님을 찾고 그 분의 원하시는 대로 예배 드리며 순종해야지 우리 입맛대로 신앙생활을 할 수는 없다.

다시 말하면 올바른 교회 다니는 것도 중요하고 적극 그 교회의 여러 일에 동참하며 따르는 자세가 필요하다.

그렇다면 올바른 교회란? 하나님께 진심으로 기도하면 성령님이 언젠가 인도해주실 것이다. 인도해주실 것을 믿어 의심치 말아야 한다. 그렇지 못하다면 하나님, 성령님이 아닐 것이다.

아무튼 안내가 지켜야 하는 헌금통도 중요하지만, 더 중요한 것은 가만히 들어오는 자들, 즉 이단들이 침범하는 걸 막아야 한다. 요즘들어 신천지가 기승을 부리고 있는 바 그런 이단들을 사전에 막아 교회가 망가지지 않게 해야 한다. 평소에 성도들이 성경에 대해 잘 안다면 신천지 따위는 발을 붙이지 못할 것이다. 어쨌든 안내를 보며 그런 이단들을 분별해내는 능력이 제법 있으면 좋겠다는 생각이 든다..

 이렇게 헌금통을 지켜내느라 예배 시간 내내 헌금통 옆자리에 앉게 되었는데, 그것은 실로 필요한 일이라 생각되었다.
 만약 헌금통이 없어지는 일이 한 번이라도 발생한다면 성도들이 예배에 집중하지 못하고 수시로 헌금통을 쳐다보는 불안감을 갖게 될 것이다. 그러면 예배가 제대로 이루어지겠는가!
 올바른 예배를 위하여 누군가는 정신 똑바로 차리고 헌금통을 지켜야만 한다. 그것은 돈 이상으로 하나님의 영광을 위한 것임에 틀림없을 것이다.

'해가나네'와 '비가오네' 형제

남편이 죽은 뒤 '비오든말든'은 두 아들 '해가나네'와 '비가오네'를 나름대로 잘 키웠다. 그러나 대대로 흙수저 출생들이라 금수저를 갖기는 참 어려웠다.

애들이 커서 큰 아들 해가나네는 구두를 닦고 비가오네는 우산을 팔았다.

어머니 비오든말든은 해가 나나 비가 오나 상관 없었다. 어느 매일 울었다는 어머니 얘기는 알고 있었다. 비가 오면 나막신 파는 아들 생각에, 해가 나면 우산 파는 아들 걱정에 울었다는.

하지만 그녀는 자식들 생활에 별로 간섭하고 싶지 않았다. 그들이 다 따로 살 뿐더러 돈 번다고 용돈 한 푼 쥐어주지도 않았으며 좀 보자고 해도 싫다고 하기 때문에 '시대가 그렇지 뭐.' 하며 각자의 삶을 살기로 이미 마음 먹었던 것이다.

그렇게 아들들을 본 지도 오래 되었다. 그래도 보고싶어 어쩌다 연락을 하지만 늘 그렇듯이 이 핑계 저 핑계로 대화 하는 것조차 꺼리는 것 같았다.

비가 오면 혹시나 하고 해가나네한테 전화하면 한번만 칠해도 일 년쯤 광이 나는 구두약을 찾아야해서 딴 데 신경 쓸 틈이 없다고 했다. 또 해가 나서 비가오네한테 연락하지만 그 역시 바람이 심해도 뒤집어지지 않는 우산을 연구하고 있다며 말도 채 마치기 전에 전화를 끊었다.

비오든말든은 죽은 남편 '해떠서뭐하게'를 생각해보았다. 그는 초등학교 앞에서 계란 아이스케키를 팔았었다. 우선 달걀 모양의 금속 틀 안에 화려한 색소로 물들인 달짝지근한 당원물을 넣어 고무줄을 감아 밀봉한다. 그리고 그것을 큰 나무통 안에 소금과 얼음을 채우고 빙빙 돌리면 '계란 아이스케키'라는 얼음 과자가 되는 것이다.

햇빛이 강한 뜨거운 어느 여름날 통 안의 얼음이 모두 녹아 아이스케키도 녹게 되었다. 그는 통 안의 물을 버리려고 도로가에 나갔다가 강렬한 햇빛에 눈부신 운전자의 차에 치어서 그만 목숨을 잃고 말았다.

그와 살 때는 이런 외로움을 상상조차 하지 못했었다. 그런데 혼자 오래 살다보니 고독이 친구가 되어 그녀를 괴롭혔다.

궁여지책으로 그녀는 이럴 땐 이웃이 제일이지, 하며 옆집의 혼자 사는 여자 '막무가내'를 찾아갔다.

그녀는 비오든말든의 하소연을 듣자마자 얼굴을 찡그리며 한마디 했다.

"자식 키워놔봐야 다 소용 없어요. 딸 가진 사람이 좀 낫다고는 하지만… 암튼 무자식이 상팔자지."

평상시에 막무가내는 자기가 옳다고 여기는 것은 맞던 틀리던 절대 되돌려 본적이 없었다. 계속 그녀 이야기를 듣고 있다간 자식들이 미워질 것만 같았다. 이래서 자식들을 안 낳나, 고개를 갸웃하며 그 집 문을 나섰다.

다시금 위로가 필요한 비오든말든은 마음이 별로 내키지는 않았지만 앞집 문을 두들겼다.

'거룩한척'은 느끼한 미소를 띠며 반겼다. 그는 사이비 교회 또는 이단이라고 손가락질 당하는 단체의 임원이었다.

"우리 교주님 품에 안기면 꿀맛 같이 달콤하기 그지없을 것이요."

역시 그의 첫마디가 역겹게 느껴지는 말이었다. 저런 단체에 꽤많은 사람들이 미친듯이 다닌다는 게 이해가 되지를 않았다. '다 귀신 들려 있나?', 속으로 생각하며 비오든말든은 얼른 그 집을 빠져나왔다.

내친 김에 이번엔 뒷집의 '걱정근심'을 만나보았다. 그는 심각한 표정을 지으며 늘 하던 말을 되풀이했다.

"50억 년 뒤면 헬륨이 다 타서 해가 빛을 잃어 지구가 끝장날 것이오. 이 지구가 몽땅 다 없어져버린다는 얘기지요. 그런 큰 일이 벌어질 텐데 지금처럼 사소한 일에 너무 목숨 걸지 마세요. 이제는 지구 멸망이나 걱정하시고."

너무 기가 막혀 비오든말든은 얼른 그 집을 나왔다. 이젠 갈 데가 없었다. 그러다 문득 생각나는 사람이 하나 있었다. 마을 끝쪽에 사는 어느 교회에 다닌다는 '믿으나마나'씨였다.

그는 교회에 다니면서도 늘 불평 불만을 해댔다. 하물며 믿지 않는 비오든말든에게도 마주치기만 하면 알지도 못할 말을 주절거렸다. 이번에도 마찬가지였다.

"하나님은 잔인하시다고 생각하시죠? 젖과 꿀이 흐르는 가나안을 정복하며 수많은 이방 민족을 학살했잖아요. 불쌍하게 왜 그런 짓을 하셨을까요? 악인이나 선인에게나 비와 햇빛을 골고루 내리신다는데 말이 안되지 않나요? 악인에겐 불벼락을 내리는 게 당연하잖아요. 왜 선악과를 만들어서 아담과 이브가 먹고 죄를 짓게 만들었지요? 애당초 다 아셨을 텐데."

비오든말든은 이 말에 날카롭게 쏘아붙였다.

"지금 바른 말로 믿으라고 해도 시원찮은데 그렇게 부정적인 말을 하면 교회 가고 싶었던 사람도 발길을 다 끊겠네요. 그러면서 당신은 왜 그런 하나님을 믿어요? 쓸데없이…"

믿으나마나씨는 힘없이 대꾸했다.

"혹시나 지옥이 있으면 어떡하나, 해서죠. 이래뵈도 난 집사입니다."

"아, 그 날라리 집사라는 거요?"

가시 돋친 이 말에 믿으나마나씨는 황망한 모습을 보이다 살며시 문을 닫아버렸다.

집으로 돌아오며 비오든말든은 생각해보았다.

'신이 진짜 존재한다면 왜 이런 험한 세상을 가만 보고 계실까? 한편, 신이 없다면 누가 이 모든 걸 만들었단 말인가? 빅뱅이고 진화론이고 그럴듯할 뿐 깊이 따져보면 순 엉터리가 아닌가. 맞을 확률이 거의 제론데 무척 많은 사람들이 그것에 현혹되어 성경에서 말하는 창조주를 부정하고 있지 않는가. 나도 마찬가지로 그런 것을 우습게 여기며 죽으면 다 끝이라고 생각하고 있다. 차라리 죽어서 다시 태어난다는 불교가 더 이상적일 것 같다고 여긴다. 그런데 교회의 어느 전도자가 말했듯이 하나님을 믿지 못하게 마귀가 훼방 놓아서 교회 가지 못하게 막고 있는 것은 아닐까? 마귀가 이 세상을 주무르는 힘을 가지고 있다고 하니 말이다. 만약에 천국과 지옥이 진짜 있으면 어떡하지? 영원한 시간이 좌우되는 것이 큰 문제 아닌가?'

비오든말든은 왠지 그 전도자의 말이 다시 듣고 싶어졌다. 그녀는 전도자가 남긴 메모로 휴대폰 번호를 눌렀다.

전도자는 카페의 푹신한 의자에 앉아 커피를 홀짝거리며 비오든말든에게 말했다.

"교회 다닌다고 다 잘 믿는 것은 아니지요. 구원받는 사람은 십 분지 몇이나 될까? 나도 잘 믿어보려고 애써보았지만 잘 되지를 않았었지요. 하나님이 은혜를 부어주셔야 믿음도 생기는 법이에요. 겸손하게 자기 죄를 뉘우치며 착하게 살고 전도에 힘써야 믿음의 씨앗이 싹을 튼다고 생각합니다."

"전에 한번 교회 가봤는데 너무 친절한 척 해대서 많이 거북했어요. 왜들 그렇게 귀찮게들 하지요?"

그녀의 질문에 전도자가 대답했다.

"만약에 오는지 가는지 아는 척도 안 한다면 새신자는 사랑이 없는 불친절한 교회라며 다신 문턱도 밟지 않을 겁니다. 그나마 그렇게 하는 게 다시 나올 확률이 높지요. 진정 교회를 다녀야 믿음의 지속이 쉽지, 학교 안 다니고 공부 잘하기가 어려운 것처럼 교회에서 떠나면 대부분 조금 가지고 있던 믿음도 버리게 되죠. 격식을 갖춘 예배도 의무라면 의무고 또 성도의 교제도 중요하고요."

또다시 그녀가 물었다.

"교회 다니면서 개차반으로 사는 사람들 때문에 교회 안 나간다는 사람도 있잖아요. 나도 그 중 한 사람이고요."

"그나마 교회라도 나가니 그 정도일 겁니다. 안 그러면 사기꾼, 도둑놈이나 강도, 살인자가 되었을지도 모르지요. 타고난 자기 성품을 바꾸기는 힘들어요. 그래서 옛사람은 죽고 거듭난 새사람이 되어야 하는데, 참 힘들지요."

전도자는 말의 말미에 깊은 한숨을 내쉬었다. 비오든말든은 고개를 앞으로 내밀며 그의 말에 더욱 집중하는 듯했다.

"또 하나 물어볼 게요. 하나님은 왜 이렇게 지금같이 악한 세상을 보고만 계시지요? 진짜 계시다면 말이죠. 말하자면 나쁜 인간들이 더 잘 살잖아요."

"좋은 질문이시네요. 초보운전일수록 복잡한 도로에 나가면 참 힘들지요. 마찬가지로 믿음이 없이 보면 이 세상 돌아가는 것이나 하나님의 존재나 잘 납득이 안 가지요. 그러나 하나님은 공평하시다는 것을 믿고 의지하면 안개가 걷히듯 때론 회의하고 의심하던 것들이 환히 보이게 되죠. 비가 오거나 해가 날 때 누구에겐 내리게 하고 누구에겐 안 비춰주나요? 악인에게나 선인에게나 똑같이 하지요. 그러다가 마지막 추수 때에 가라지를 골라내는 겁니다. 이 세상은 지금 알곡과 가라지로 나뉘는 중이에요. 그래서 나중에 알곡은 천국이란 창고로, 가라지는 지옥이란 불구덩이에 던져지는 것이죠. 예수님께서 가라지를 뽑지말고 놔두시라고 했어요. 잘못 뽑다가 알곡까지 뽑힌다고요. 그래서 악인들이 잘 살아도 곧 지나갈 인생이니 냅두는 겁니다. 아무튼 좋은 믿음을 가지게 되면 이 거친 세상의 온갖 시련을 잘 통과한 뒤 제련된 정금같이 나오게 되는 겁니다. 또는 아름다운 보석으로 세공되는 거지요. 만약 자매님이 교회 나가시게 되면 믿음 없다고 자신을 탓할 게 아니라 예배 때마다 억지로라도 시간 내서 가시고 식사 준비, 안내, 청소 등의 봉사는 물론 생활에 부담이 안 가는 한도 내에서 헌금도 잘하시고 성경 공부도 열심히 하세요. 그러면 그 갸륵한 정성

으로 성령님이 품에 꼬옥 안아주실 수 있습니다. 그게 결국 구
원으로 연결되지요. 행위로 그렇게 되는 건 아니지만 적어도
잘 믿으려는 노력이 있어야 따 먹을 열매를 찾을 수 있게 되는
겁니다."

"그러니까 악인들이 잘 살아도 길어야 백 년, 이 영원이란 시
간에 비하면 점 찍는 것도 아니네요? 이 짧은 인생 아무리 힘
들게 살아도 영원히 행복할 수 있다면 진정 복 받은 것이란 말
씀이시죠?"

전도자가 그녀의 말에 밝은 얼굴빛을 보였다.

"바로 그겁니다. 정답을 빨리 찾으시네요. 그간 많고도 깊게
생각해보셨군요. 맞아요, 우리 모두 영원히 지속될 수 있는 참
행복을 찾아야죠."

"그런데 말이죠. 제가 자식들을 잘 못 키웠나봐요."

비오든말든은 어두운 표정으로 자식들과의 관계를 털어놓
았다. 그러자 전도자가 그녀의 눈을 직시하며 입을 떼었다.

"제가 보기에, 지금 제일 중요한 것은 자녀들의 구원입니다.
그러기 위해선 어머니부터 먼저 하나님을 잘 믿고 사랑해야 합
니다. 그렇게 해서 하나님께 자식들의 믿음을 위해 간절히 기
도하면 하나님께서 언젠가는 들어주시리라 확신합니다. 자녀
들이 돈 버는 일에 집중해서 고급 주택 백 채를 장만했다고 합
시다. 그러나 나중에 어느 집 문고리 하나도 못 가져가요. 아
무짝에도 쓸모없게 되는 겁니다. 그러니 이 세상에서 할 일은

'해가나네'와 '비가오네' 형제

꼭 구원을 이루고 하늘에서 받을 상급을 쌓는 일입니다."

비오든말든의 입에서 자기도 모르게 "아멘!"이란 말이 튀어나왔다. 진짜 사후세계 뒤에 영생이 있다면 그것보다 중요한 게 어디 있단 말인가. 갑자기 비오든말든의 가슴 속에 어떤 알 수 없는 희열이 몰려왔다. 그것은 어떤 위대한 존재로부터 전달되어 오는 사랑 같기도 했다. 그녀는 조그만 주먹을 꼭 쥐며 전도자에게 말했다.

"저 이번 주부터 전도자님 교회에 나가도 돼요?"

지구에서의 마지막 밤

1판 1쇄 인쇄 _ 2024년 10월 5일
1판 1쇄 발행 _ 2024년 10월 15일

지은이 _ 손성훈
펴낸이 _ 이형규
펴낸곳 _ 쿰란출판사

주소 _ 서울특별시 종로구 이화장길 6
편집부 _ 745-1007, 745-1301~2, 743-1300
영업부 _ 747-1004, FAX 745-8490
본사평생전화번호 _ 0502-756-1004
홈페이지 _ http://www.qumran.co.kr
E-mail _ qrbooks@daum.net / qrbooks@gmail.com
한글인터넷주소 _ 쿰란, 쿰란출판사
페이스북 _ www.facebook.com/qumranpeople
인스타그램 _ www.instagram.com/qrbooks
등록 _ 제1-670호(1988.2.27)

ⓒ 손성훈 2024 ISBN 979-11-6143-487-2 03230

책값은 뒤표지에 있습니다.
이 출판물은 저작권법에 의해 보호를 받는 저작물이므로 무단 복제할 수 없습니다.
파본(破本)은 구입처에서 교환해 드립니다.